Heim ins Reich

Christian Zentner

Heim ins Reich

Der Anschluß Österreichs 1938

Südwest Verlag München

BILDQUELLEN

„Berliner Illustrirte", Bildarchiv der Österreichischen Nationalbibliothek, Bundesarchiv, Burda-Druck und Verlag/Bildarchiv, dpa, Albert Hilscher, Heinrich Hoffmann („Hitler in seiner Heimat"), Hans Hubmann, Helmuth Kurth, „Nebelspalter", Lothar Rübelt, „Völkischer Beobachter", Weltbild, und Archiv des Verfassers.

ISBN 3-517-01073-1
Mitarbeiter: Mathias Forster (Bild) und Harald Steffahn (Text)
Schutzumschlag: Kaselow-Design, München
Satz: Fertigsatz GmbH, München
Gesamtherstellung: Wiener Verlag, Wien

Inhalt

Vorwort

Nach der gemeinsamen Niederlage von 1918 bekundeten die geschlagenen Verbündeten Deutschland und Österreich nachhaltig ihren Wunsch zur staatlichen Vereinigung. Die provisorische Nationalversammlung in Wien konstatierte am 12. November: „Deutschösterreich ist ein Bestandteil der Deutschen Republik." Ebenso deutlich war die entsprechende Willensbekundung der Weimarer Verfassung. Doch die Siegermächte entschieden anders. Im Artikel 80 des Versailler Vertrages beugte sich Deutschland dem Diktat der Alliierten: „Deutschland erkennt die Unabhängigkeit Österreichs ... an und verpflichtet sich, sie unbedingt zu achten; es erkennt an, daß diese Unabhängigkeit unabänderlich ist, es sei denn, daß der Rat des Völkerbundes einer Abänderung zustimmt." Korrespondierend dazu hieß es im Vertrag von St. Germain: „ Die Unabhängigkeit Österreichs ist unabänderlich, es sei denn, daß der Rat des Völkerbundes einer Abänderung zustimmt."

Knapp 20 Jahre später, am 10. April 1938, sagten von 4484475 stimmberechtigten Österreichern 4453772 = 99,73% Ja zum Großdeutschen Reich (im Altreich waren es 99,08 Prozent). Eindrucksvoll bestätigten sie den Anschluß an das wirtschaftlich prosperierende, militärisch erstarkte, international respektierte, totalitär-diktatorisch regierte Dritte Reich. HEIM INS REICH schildert unter Einbeziehung des weit zurückreichenden historischen Hintergrundes die dramatische Entwicklung, die schließlich zum Anschluß führte.

Österreich, der „Staat wider Willen", war von seinen Garanten schmählich im Stich gelassen worden. Rom, Paris und London, vom Völkerbund ganz zu schweigen (als einziger Staat protestierte Mexiko), beugten sich ohne Widerstand dem Machtanspruch des deutschen Diktators. Und auch seine erbittertsten Gegner in Österreich, allen voran die katholische Kirche und die Sozialdemokratie, stellten sich einem triumphierenden Hitler devot zur Verfügung. Selbst Schuschnigg, der sich bis zuletzt gegen den Anschluß gesträubt hatte, kroch mit „einer liebedienerischen Ergebenheitsadresse an den Führer zu Kreuz" („Der Spiegel"). Der Sozialist Karl Renner, Kanzler zu Beginn der Ersten wie der Zweiten Republik, forderte seine Genossen und Landsleute auf, bei der Volksabstimmung mit „Ja" für den Anschluß zu stimmen. Seinen Segen dazu gab auch an der Spitze der katholischen Bischöfe Kardinal Innitzer aus „patriotischer Pflicht". Zu Ehren Hitlers ließ Innitzer die Kirchen mit Hakenkreuzfahnen beflaggen und die Glocken läuten.

Von seinen Führern animiert, warf sich am 10. April 1938 Österreich dem Hitlerismus begeistert in die Arme.

HEIM INS REICH will keine billige Polemik sein, die gerade heute so wohlfeil wäre, da sich das Staatsoberhaupt der Republik Österreich massiven Vorwürfen aus der gemeinsamen deutsch-österreichischen NS-Vergangenheit ausgesetzt sieht. HEIM INS REICH will aus Anlaß der 50jährigen Wiederkehr des „Anschluß" in einem historischen Essay referieren, wie es, aus der Geschichte verständlich, wenn auch nicht zwingend, zu *diesem* Anschluß vor 50 Jahren gekommen ist, wobei es müßig ist zu betonen, daß der Anschlußgedanke, so geschichtsmächtig er 1938 auch gewesen sein mag, spätestens 1945 mit dem Zusammenbruch des „Großdeutschen Reiches" nur sieben Jahre später für immer beerdigt wurde.

Wien, 14. März 1938: Große Parade vor dem „Führer". Am gleichen Tag waren die deutschen und österreichischen Soldaten feierlich zur „Großdeutschen Wehrmacht" vereint worden. Nur eineinhalb Jahre später sollten sie gemeinsam in den Zweiten Weltkrieg ziehen.

Einleitung

Auf dem Wiener Heldenplatz warten die Wiener auf ihren Helden. In der Hauptstadt Österreichs, wo man schon viele große Auftritte und glanzvolle Ereignisse erlebte, hat man eine solche Begeisterung noch nie erlebt. Selbst die gewaltigen Denkmäler des Prinzen Eugen und des Erzherzogs Karl sind von heilrufender Menge besetzt, um der besseren Aussicht willen. Der Bronzerücken des reitenden Prinzen ist mit einer Hakenkreuzfahne geschmückt. Der Sieger in den Türkenkriegen und Begründer der Großmacht Österreich hatte bei weitem nicht so viel Begeisterung auf sich vereinigt, wie sie jetzt dem späten Erben des alten Habsburgerreiches zuteil wird. Zweihunderttausend Wiener, schätzungsweise, skandieren „Ein Volk – ein Reich – ein Führer" und warten darauf, daß er, der Führer, auf dem Balkon der Neuen Hofburg erscheine. Das wird der Höhepunkt seiner beispiellosen dreitägigen Triumphfahrt durch Ober- und Niederösterreich werden.

Am Nachmittag des 12. März 1938 war Adolf Hitler über die Innbrücke in seinen Geburtsort Braunau hineingefahren, von der Bevölkerung überschwenglich empfangen. Von da war er im offenen Wagen weiter nach Linz gelangt, durch fähnchenschwingende, heilrufende Menschenspaliere, auf den Spuren der deutschen Infanterie- und Panzerverbände, die seit den Morgenstunden Österreich zu besetzen begonnen hatten. Sechzigtausend Linzer drängelten sich auf dem Markt – der ersten Hauptstation seiner Wiederkehr, die von höchst gefühlsbeladenen Eindrücken begleitet war. Wo und wann ist je einer, aus derart kümmerlich-unscheinbaren Anfängen aufgebrochen, so hoch gestiegen und mit solchen Ovationen überschüttet worden, als er die Stätten seiner Frühzeit wieder aufgesucht hat?

Linz war die einzige Stadt Österreichs, welcher er ungetrübtes Erinnern wahrte. Hier hatte der 16- bis 18jährige, nach vorzeitigem Abgang von der Oberrealschule in Steyr, Jahre des Träumens von großer Zukunft verbracht, schwelgend in Wagnerklängen. Die Rückschau auf diese schwärmerische Lebensphase gab ihm wohl die Worte ein, die er vom Balkon des Rathauses aus den Linzern zurief:

„Wenn die Vorsehung mich einst aus dieser Stadt heraus zur Führung des Reiches berief, dann muß sie mir damit einen Auftrag erteilt haben, und es kann nur ein Auftrag gewesen sein, meine teure Heimat dem Deutschen Reich wiederzugeben. Ich habe an diesen Auftrag geglaubt, habe für ihn gelebt und gekämpft, und ich glaube, ich habe ihn jetzt erfüllt."

Am nächsten Vormittag unterzeichnete er die Proklamation des Anschlusses, dessen erster Satz lautet: „Österreich ist ein Land des Deutschen Reiches." Nach diesem gleichsam historischen Akt, welcher das Jahr 1918, das Jahr 1866, das Jahr 1804 widerrief, fuhr er ins nahe Leonding, legte auf dem Grab seiner Eltern einen Kranz nieder und stattete anschließend in Linz seinem betagten Geschichtslehrer Leopold Poetsch eine Visite ab. Poetsch, der seinen Schüler Adolf Hitler hier an der Realschule vor dreieinhalb Jahrzehnten (1900–1904) im deutschnationalen Sinne und gegen die Habsburger Monarchie beeinflußt hatte, war schon in dem Buch „Mein Kampf" mit ehrenvollen Worten bedacht worden. Nun erlebte der alte Herr wohl seine größte Stunde.

Am 14. März vormittags: Aufbruch nach Wien. Überall unterwegs das gleiche Bild.

Gegen den Grundsatz vom Selbstbestimmungsrecht der Völker und gegen den ausdrücklichen Willen beider Länder war im Versailler Vertrag (1919) die Vereinigung von Deutschland und Deutsch-Österreich verboten worden. Erst dem geborenen Österreicher Hitler gelang es, diese Bestimmung zu annullieren: Als er am 15. März 1938 auf dem Wiener Heldenplatz (links, mit der Reiterstatue des Prinzen Eugen) „den Eintritt meiner Heimat in das Deutsche Reich“ verkündete, kannte der Jubel keine Grenzen.

Neunzig Prozent der Bevölkerung an der Wegstrecke der Wagenkolonne schienen auf den Beinen zu sein, um den Heimkehrer zu bejubeln. Die Szenen der Wiedervereinigung „spotteten jeder Beschreibung", schrieb die „Neue Basler Zeitung". Der Korrespondent der Londoner „Times" meldete seiner Leserschaft: „Die Begeisterung Österreichs würde unglaubhaft sein, wenn man sie nicht mit eigenen Augen gesehen hätte." Das mußten auch die Diplomaten zugestehen, obwohl sie in ihren Äußerungen meistens abwägender zu sein pflegen als die Journalisten. „Es ist unmöglich, die Begeisterung zu leugnen, mit der die Eingliederung in das Reich hier (in Wien) aufgenommen worden" sei, telegraphierte der britische Botschafter nach London.

Um 17 Uhr erreicht der Konvoi die Außenbezirke Wiens. Der Erzbischof Kardinal Innitzer läßt die Glocken der Stadt läuten. Beim Einzug Ludwigs des Vierzehnten in Straßburg, 1781, war es nicht anders. Auch da hatte die Kirche sich vor der Macht verbeugt, nur die Bevölkerung war weit zurückhaltender gewesen. Vor dem Hotel „Imperial" am Schwarzenbergplatz läßt Hitler halten, fast betäubt von den Ovationen. Von der Straße her vernimmt er, während er sich erschöpft ausruhen will, unaufhörlich Rufe: „Nach Hause gehn wir nicht / bevor der Führer spricht." Um halb acht, längst ist es dunkel, tritt er auf den Balkon der Fürstensuite:

„... Es ist eine große geschichtliche Wende, die unserem deutschen Volk zuteil wurde ... und alle weihen sich einem Gelöbnis: Was immer auch kommen mag, das Deutsche Reich, so wie es heute steht, wird niemand mehr zerschlagen und niemand mehr zerreißen können!"

Mit dem „Imperial" scheint es noch eine besondere Bewandtnis zu haben: daß es gerade dieses Hotel sein muß, in welchem er zu nächtigen wünscht, obwohl ja die Hofburg dem Range angemessener wäre. Abends hören die Gefolgsleute im kleinen

Kreis eine Episode aus der Wiener Vergangenheit ihres Führers:

„Eines Nachts hatten sich auf der Straße hohe Schneewehen aufgetürmt, und ich konnte mit Schneeräumen ein wenig Geld verdienen, um mir etwas zu essen zu kaufen. Ironischerweise mußten die fünf oder sechs Männer, zu denen auch ich gehörte, die Straße und den Bürgersteig vor dem Hotel ‚Imperial' freischaufeln. Ich sah (Erzherzog) Karl (den späteren Kaiser) und Zita aus der kaiserlichen Karosse steigen und über den roten Teppich würdig in das Hotel schreiten. Wir armen Teufel schaufelten den Schnee zur Seite und nahmen jedesmal, wenn irgendwelche adeligen Gäste eintrafen, die Mützen ab. Sie sahen sich nicht einmal nach uns um, und ich rieche immer noch das Parfum, das uns in die Nasen wehte. Wir bedeuteten für sie

Hitler auf dem Balkon des Hotels „Imperial" bei der Proklamation des Anschlusses (links). Welch eine Genugtuung für den Mann, der die längste Zeit seiner Wiener Jahre, vom Dezember 1909 bis zum Mai 1913, im Männerheim in der Meldemannstraße (oben) zugebracht hatte! Damals war der kommende Imperator ein verkrachter Kunststudent gewesen, ein Träumer und Müßiggänger ohne erkennbare Aufstiegschancen.

oder für Wien nicht mehr als der Schnee, der die ganze Nacht herabrieselte; und das Hotel war nicht einmal so anständig, uns eine Tasse Kaffee herauszuschicken. In jener Nacht habe ich beschlossen, eines Tages in das Hotel ‚Imperial' zurückzukehren und über den roten Teppich in das erleuchtete Innere zu gehen, wo die Habsburger tanzten. Ich wußte nicht, wie oder wann das geschehen würde. Aber ich habe auf diesen Tag gewartet, und heute abend bin ich hier." Hier sind alle Elemente eines Märchens vereinigt. Damit soll nicht behauptet werden, daß die Geschichte von ihm ausgedacht sei; schließlich ist es ja wirklich manchmal vorgekommen, daß die arme Müllerstochter den Königssohn geheiratet hat. Hitler war tatsächlich der kleine Mann gewesen mit nichts als Träumen von der großen Welt und von der Rolle, die er einmal darin spielen werde.

„Die größte Vollzugsmeldung meines Lebens"

Am 15. März empfängt der neue Bundeskanzler Arthur Seyß-Inquart (eigentlich dürfte es diesen Posten nach vollzogenem Anschluß staatsrechtlich gar nicht mehr geben) Adolf Hitler im neuen Flügel der Hofburg, stellt ihm die Würdenträger des Staates vor. Dann tritt der Gefeierte auf den Balkon hinaus und schaut auf das Menschenpanorama, das wir schon von den Eingangszeilen her kennen. Er genießt die Begeisterung. Der Jubel nimmt rauschhafte Ausmaße an. Hitler ist ergriffen. Jahrzehnte ziehen an seinem geistigen Auge vorüber. Als Wehrunwilliger war er vor 25 Jahren von Wien nach München entwichen; als Oberbefehlshaber der deutschen Wehrmacht kehrt er zurück. Trübe Vergangenheit und ruhmvolle Gegenwart stoßen in einer Gefühlswoge zusammen. Über den weiten Platz hallen die Worte:
„Ich proklamiere nunmehr für dieses Land eine neue Mission. Sie entspricht dem Gebot, das einst die deutschen Siedler des Altreichs hierhergerufen hat. Die älteste Ostmark des deutschen Volkes soll von jetzt ab das jüngste Bollwerk der deutschen Nation und damit des Deutschen Reiches sein. Jahrhundertelang haben sich in den unruhevollen Zeiten der Vergangenheit die Stürme des Ostens an den Grenzen der alten Mark gebrochen. Jahrhundertelang für alle Zukunft soll sie nunmehr ein eiserner Garant sein für die Sicherheit und Freiheit des deutschen Volkes ... Ich kann somit in dieser Stunde dem deutschen Volk die größte Vollzugsmeldung meines Lebens abstatten. Als Führer und Kanzler der deutschen Nation und des Reiches melde ich vor der Geschichte nunmehr den Eintritt meiner Heimat in das Deutsche Reich!"
Zieht man alles Pathos, alle Übersteigerung und dramaturgische Raffinesse von der Szene ab, so bleibt immer noch das Bewußtsein, daß sich hier etwas Bedeutendes zugetragen hat. Wer einen Nerv für historische Verdichtungen und natürliche Dramatik hat, wird jener Stunde im Zentrum Wiens nicht ihr Gewicht bestreiten und ihr den Charakter des Feierlichen nicht absprechen, ungeachtet allen Elends, das daraus entsprang, und aller düsteren Begleitumstände, von denen noch die Rede sein wird. Und wer in die Geschichte zurückschaut, wird auch eine logische Entwicklung entdecken, die hierher geführt hat. Um sie zu verstehen, müssen wir weiter zurück, über 1918 und 1866 mindestens bis ins Jahr 1804. Das war ein Markstein, von dem aus der Weg Österreichs von der deutschen Hauptstraße sichtbar abzuweichen begann. Mündete er 1938, nach 134 Jahren, wieder ein? Das mochte jedem Beteiligten so erscheinen. Von heute her betrachtet, *war* es nur ein Schein. Geschichte aber ist allein aus den Denkgebundenheiten der jeweiligen Zeit gerecht zu begreifen und zu werten. So gesehen, war das Jahr 1938 unvermeidbar. Aber folgen wir den Tatsachen Schritt für Schritt.

Die andere Seite der Medaille: Antisemitische Ausschweifungen in Wien nach dem Anschluß. Juden wurden aus ihren Häusern geschleppt, auf der Straße zusammengetrieben, mit Tafeln behängt, verhöhnt, bespuckt und geschlagen, viele kratzten in Todesangst ihr ganzes Geld zusammen, um sich falsche Papiere und Stempel zu verschaffen. Rechts: Vor dem Geschäft eines jüdischen Mitbürgers wird das Wort „Jude" an die Wand gemalt.

ZAHN
Yud

Rückzug aus Deutschland

Franz I., Kaiser von Östereich seit 1804, bis dahin (seit 1792) als Franz II. deutscher Kaiser. In dem ältesten Enkel der seligen Kaiserin Maria Theresia personifizierte sich Österreichs Rückzug aus Deutschland zu Beginn des 19. Jahrhunderts.

Metternichs Kampf gegen die Einigung

Es war ein verfassungsrechtliches Kuriosum im alten Europa, daß ein Monarch zwei Jahre lang zwei Kaiserkronen besaß: die deutsche und die österreichische. Dann legte er die erste nieder und behielt nur die zweite. Dieser Monarch war Franz II., der älteste Enkel der Kaiserin Maria Theresia. Warum war dem Kaiser die eine Haupteszierde nicht ausreichend gewesen, so daß er noch eine zweite dazuerworben hatte, und warum trennte er sich dann von der ersten?

Als er 1792 auf den Thron gelangte, schien alles noch so zu sein wie immer schon – oder man tat wenigstens so. Die Französische Revolution war zwar schon drei Jahre alt, aber die Kaiserkrönung in Frankfurt vollzog sich mit dem Pomp und Prunk uralten Zeremoniells, mit langem Festzug, großem Krönungsschmaus und farbenfroher Repräsentation. Man hatte Wahl und Krönung auf den 14. Juli gelegt, wie eine deutliche Demonstration: Seht her, was ist euer Bastillesturm in Paris gegen die Würde des legitimen Europa der Kaiser und Könige ...?

Doch schon im Herbst desselben Jahres 1792 mußte der neue Kaiser seinen ersten Krieg führen, weil Frankreich die Revolution über die Grenzen tragen wollte. Es kann hier nicht darum gehen, die Geschichte der Revolution nachzuerzählen; erwähnt werden muß aber, welche Folgen Deutschland trafen – und Österreich war noch ein Teil Deutschlands. Zum Habsburgerreich gehörten darüber hinaus Länder und Volksgruppen, die außerhalb des deutschen Reichsverbandes lagen.

Kaiser Franz, ein rechtschaffener, sehr beliebter Herrscher, nur ohne das politische Format seiner Großmutter, hatte weder mit dem ersten Koalitionskrieg Glück noch mit den folgenden Kriegen. Schon der erste Friedensschluß, an dem Österreich beteiligt war, 1797, schnitt beträchtliche Teile vom habsburgischen Territorialbesitz ab (wenn auch im Austausch gegen Venedig). Jede weitere Niederlage bestätigte entweder den bisherigen Zustand oder verschlimmerte ihn. Denn inzwischen war Napoleon die Speerspitze Frankreichs geworden, und für mehr als zwölf Jahre verlor er keine einzige Schlacht.

Die Wende im langen Herrscherleben des zweiten Franz trat 1804 ein. Damals beschloß Bonaparte, Frankreich in ein erbliches Kaisertum umzuwandeln, und ließ die Absicht dazu durch eine Volksabstimmung bestätigen. Erstmals entstand eine Zwei-Kaiser-Konkurrenz auf dem Boden jenes Europa, das aus der Erbmasse des germanisch-romanischen Frankenreiches entstanden war. Franz II. hätte sich mit dem Besitz der deutschen Kaiserkrone, der traditionsreichen, begnügen und auf die parvenühafte Neuerwerbung herabblicken können. Aber das Heilige Römische Reich Deutscher Nation war nur noch ein Schattengebilde, kaum mehr als ein Begriff. Es bestand aus einer Unzahl mittlerer, kleiner und kleinster Hoheitsgebiete, die alle souverän waren und den Kaiser nur als machtlosen Repräsentanten über sich wußten – außer dort, wo er eigene Hausmacht besaß, habsburgische. Zu befürchten war, daß das altersschwache Gebäude beim ersten Stoß aus Paris zusammenkrachen werde, sobald Napoleon sich im eigenen Kaisertum wohnlich eingerichtet habe.

In dieser Lage ging es dem Habsburger darum, zu retten, was zu retten war. Er proklamierte ein Kaiserreich Österreich

für alle habsburgischen Besitztümer innerhalb und außerhalb der Reichsgrenzen, was die Verfassungsgrundlagen zumindest des Deutschen Reiches noch verworrener werden ließ. Konnte Franz II. sich nur noch formal als deutscher Kaiser betrachten, so schuf er sich 1804 ein neues Fundament, auf welchem er nicht nur als kaiserliche Attrappe fungierte.

Konsequent gewesen wäre es, wenn Franz II., der nun außerdem noch Franz I. hieß, seine deutsche Kaiserkrone samt dem ererbten Namen zugunsten der österreichischen und dem neuen Namen niedergelegt hätte. Dazu aber konnte er sich aus Gründen der Tradition nicht sofort entschließen. Napoleon half zwei Jahre später mit, diese Unentschiedenheit aufzugeben. Er gründete den Rheinbund als übersichtliche Formation deutscher Mittelstaaten – mit deutlicher Stoßrichtung gegen Wien. Sechzehn deutsche Fürsten vor allem des Westens und Südens beteiligten sich daran und verließen damit den Rechtsverband des Reiches, dem hierdurch der Todesstoß versetzt wurde.

Jetzt zog Kaiser Franz die Folgerungen aus Bonapartes willkürlichem Schalten und Walten auf deutschem Boden und legte die deutsche Kaiserkrone nieder. Man schrieb den 6. August 1806. Es war das offizielle Sterbedatum des alten Deutschen Reiches. Nur um fünf Jahre hatte es seinen 900. Geburtstag verfehlt.

Fünfzehn Jahre lang schüttelte Napoleon Europa wie im Würfelbecher. Mit der Willkür der kullernden Steine, so schien es, wurden Staaten geschaffen, Staaten getilgt, Staaten umgestaltet. Endlich war der Imperator überwunden: halb durch die

Als sich die Vertreter der europäischen Großmächte 1814 zum Wiener Kongreß einfanden, war die Eigenständigkeit Österreichs nicht nur eine historische Realität, sondern auch eine notwendige Voraussetzung für die Balance der Kräfte. Rechts auf dem Stich von Jean Godefroy (nach einem Gemälde von Jean-Baptiste Isabey) im Vordergrund die Vertreter der „Großen Fünf", der Preuße Hardenberg, der Österreicher Metternich, der Engländer Castlereagh, der Franzose Talleyrand und der Russe Stackelberg.

russische Winterkatastrophe 1812, dreiviertel durch die Befreiungskriege 1813/14, komplett durch die Schlacht bei Waterloo 1815. Die Sieger versuchten, seine Hinterlassenschaft zu ordnen. Der Glanz des Wiener Kongresses erhält sich im Gedächtnis vornehmlich durch das geflügelte Wort des Fürsten von Ligne, „der Kongreß tanzt, aber er kommt nicht vom Fleck". Zwischen unendlichen Vergnügungen leistete er aber doch umfangreiche Arbeit, wobei jenes Zeitalter es noch fertigbrachte, den Besiegten – Frankreich – an der konstruktiven Arbeit gleichberechtigt teilnehmen zu lassen. „Gleichberechtigt" ist ein schwacher Ausdruck für den starken Einfluß des Herzogs von Talleyrand. Sein österreichischer Gegenspieler Metternich, Außenminister seines Landes und Leiter des Kongresses, mußte all sein Verhandlungsgeschick aufbieten, um diplomatische Einbrüche des Franzosen immer wieder abzuriegeln.

Bei aller Mühe, die Metternich gegen den älteren Kontrahenten aufzuwenden hatte, lag ihm zugleich viel daran, das überwundene Land nicht zu demütigen. Wir werden noch Grund haben, uns an diese politische Weisheit zu erinnern. Würde nämlich das besiegte Land unverhältnismäßig geschwächt werden, so würden die anderen unverhältnismäßig gestärkt, so daß die Balance des gesamten politischen Gefüges darunter litte; außerdem würde der Ruf nach Revanche und Revision ständig die Ruhe stören.

Der Wiener Kongreß stellte das alte europäische Fünfeck wieder her: Österreich, Preußen, Rußland, Frankreich, England. Das Pentagramm dieser fünf „Großmächte" (für Alteuropa ist der Ausdruck angemessen) hielt im großen und ganzen trotz gewisser Verschiebungen und einer Gewichtsverlagerung nach Deutschland hin (seit 1871) einhundert Jahre; keine schlechte Bilanz. Uns interessiert in diesem Zusammenhang vornehmlich das Schicksal Österreichs innerhalb Deutschlands; denn trotz der eigenen Kaiserwürde blieb das Habsburgerreich durch die Konstruktion des „Deutschen Bundes" weiterhin anteilig mit Deutschland verbunden. Bildlich dargestellt war es, als wenn sich zwei Kreise überschneiden: Der eine Kreis war die Donaumonarchie, der andere enthielt die 39 deutschen Bundesstaaten und Freien Städte. Dort, wo beide Kreise eine gemeinsame Schnittfläche hatten, befanden sich die zum Deutschen Bund gehörenden Teile Habsburgs: nämlich das deutschsprachige Österreich sowie Böhmen und Mähren.

War Preußen auch der größte Mitgliedstaat im Deutschen Bund, so war Österreich der gewichtigste und stellte den Vorsitzenden im Frankfurter Bundestag, dem Beschlußorgan für alle Gemeinschaftsbelange. Mit anderen Worten: Fürst Metternich, der österreichische Außenminister, bald „Staatskanzler" und Leiter der Wiener Politik, regierte mit langem Arm von der Donau her. Er war die dominierende Figur des Zeitalters auf dem deutschen – nicht nur habsburgischen – Parkett; im Grunde beherrschte er Deutschland zwischen 1815 und 1848.

Das ist leicht gesagt und wiegt schwer. Denn durch seine politische Übermacht in der nachnapoleonischen Zeit blockierte er alle Bemühungen in Deutschland, zu einer Einigung des Landes zu gelangen. Warum blockierte er sie? Weil sein vorrangiges Interesse übernational, gegennational war. Die Donaumonarchie schloß eine Vielvölkergemeinschaft aus Deutschen und Ungarn, Kroaten und Rumänen, Polen und Tschechen, Slowaken und Slowenen, Italienern und Ruthenen unter ein gemeinsames Dach; jede nationale Regung darin hätte es sprengen können. Damit aber nicht von Deutschland her nationale ansteckende Keime herüberdringen konnten, mußten sie an Ort und Stelle durch äußerste Hygiene bekämpft werden.

Von Metternichs Gesichtspunkt aus war diese Politik völlig logisch und konsequent, nach den Gedankengängen der deutschen Patrioten, die aus den Befreiungskriegen den Willen zur vaterländischen Einigung mitgebracht hatten, war sie zeitwidrig und überholt. Zwei Grundtendenzen standen also einander gegenüber. Aus ihnen rührten die Empörungsakte der jungen Generation (Wartburg-Fest, Hambacher Fest), ebenso die Repressionen und „Demagogen-Verfolgungen" der Herrschenden (die alle eine Menge zu verlieren hatten). Die Patrioten machten ihrem Unwillen und ihrer Sehnsucht in Versen Luft und besangen die deutsche Einheit, so Ernst Moritz Arndt:

Nicht Bayern und nicht Sachsen mehr,
Nicht Österreich und Preußen.
Ein Land, *Ein* Volk, *Ein* Herz, *Ein* Heer:
Wir wollen *Deutsche* heißen!

Die dauerhafteste Berühmtheit erlangte „Das Lied der Deutschen" von Hoffmann von Fallersleben, 1841 auf Helgoland niedergeschrieben:

Einigkeit und Recht und Freiheit
Für das deutsche Vaterland –
Danach laßt uns alle streben
Brüderlich mit Herz und Hand!

Metternich, der Wahl-Österreicher vom Rhein, hielt die Sehnsucht bequem mit Paragraphen nieder: Denn verfassungsändernde Beschlüsse in Frankfurt waren nicht durch Mehrheitsentscheidung möglich, sondern verlangten Einstimmigkeit. Für eine Umwandlung des Deutschen Bundes hätte aber Österreich nie seine Stimme geliehen, weil sein Vielvölker-Gebäude dadurch, wie gesagt, hätte einstürzen können. Mit den fügsamen Paragraphen der Bundesakte, die im Grunde von vornherein seine Handschrift trugen, mit polizeistaatlicher Strenge, mit rigoroser Zensur – mit all diesen Mitteln und Methoden lebte Metternich guten Gewissens und in völliger Eintracht, überzeugt, auf diese Weise, und nur so, „die Welt zu retten": „Ich kenne heute nur einen einzigen Mann, der weiß, was er will, und das bin ich." Solange er regierte, das wußte man, würde es eine Einigung Deutschlands nicht geben.

Die Paulskirche zu Frankfurt am Main (links). Am 18. Mai 1848 zogen die gewählten Abgeordneten aus allen Teilen Deutschlands in das geschichtsträchtige Gebäude ein, begleitet von den guten Wünschen und Hoffnungen der ganzen Nation, aber argwöhnisch beäugt von den Herrschenden aller deutschen Länder.

Großdeutsch oder Kleindeutsch?

Das Drängen nach der deutschen Einigung war die Herzenssache einer starken Minderheit vornehmlich des liberalen, geistig aufgeschlossenen Bürgertums höherer Bildung; es war nicht Angelegenheit der breiten Volksschichten: die waren seit Jahrhunderten an kleinstaatliche Enge gewöhnt und schauten untertanenselig zu ihrem Landesherrn auf. Über die Grenzen des Fürstentums hinweg reichte der Blick kaum.
Aber wir müssen auch bei den Einigungsverfechtern selber unterscheiden. Sie waren nicht gleichmäßig im Deutschen Bunde verteilt. Die Deutsch-Österreicher zum Beispiel lebten in einem Staatenhaus, dessen südöstliche Räumlichkeiten in den letzten 150 Jahren stark erweitert worden waren. Seit den Türkenkriegen, seit den Tagen

Fürst Metternich, in der ersten Hälfte des 19. Jahrhunderts der wohl größte Virtuose auf dem diplomatischen Parkett, war auch der größte Gegenspieler der liberalen und nationalstaatlichen Bestrebungen, die 1848 zur Revolution führten.

des edlen Prinzen Eugen, hatten die Österreicher immer mit einem Auge nach Ungarn und zum Balkan geblickt. Außerdem gingen mehrere Fenster des Hauses Habsburg nach Süden hinaus, mit Aussicht auf Italien. In dem Maße, wie vornehmlich das Südost-Interesse zunahm, verlor sich die Anteilnahme an den eigentlichen deutschen Belangen. Gewiß, die Erinnerung daran, daß jahrhundertelang die erbliche Kaiserwürde bei der Dynastie Habsburg gelegen hatte, rührte sentimentale Empfindungen auf; wie schön, wenn sie erneuert werden könnte ... Trotzdem teilte nur eine Minderheit der Deutsch-Österreicher den deutschen Nationalgedanken. Wie leicht konnte der Virus die Tschechen, Polen, Ungarn infizieren! (Der ungarische Aufstand 1848/49 gab solchen Befürchtungen recht. Nur mit russischer Hilfe wurde Wien mit ihm fertig ...)
So ergibt sich, daß das Jahr 1848 in Österreich und Deutschland unterschiedliche Hoffnungen weckte, obwohl die äußere Erscheinungsform der Revolution in Wien und Berlin ähnlich war: gewaltsames Aufbegehren im Volk, Schrecken bei den Regierenden. Metternich war in Wien nicht verhaßt als Feind des Einheitsstrebens, sondern wegen der Unterdrückung aller freigeistigen Regungen; denn bei seiner penibeln Staatshygiene unterschied er nicht zwischen den Zwecken im einzelnen.

Ersehnten zwar die meisten Österreicher nicht gerade die Einheit Deutschlands, die ihnen nichts bringen konnte, so wollten sie doch Mitsprache beim Regieren, wünschten eine konstitutionelle Monarchie mit beschränkten Rechten des Kaisers (das heißt, seiner ausführenden Organe). Als daher in Paris 1848 die Februar-Revolution ausbrach, sangen Wiener Studenten:

> O Metternich, O Metternich,
> Ich wollte, daß das Wetter dich
> Tief in den Boden schlüge!

Die Bitte wurde erhört. Der alte Staatskanzler trat zurück – unmittelbar vor seinem 75. Geburtstag, genau wie später Bismarck – und ging nach England. Die liberale Monarchie, die er gerade deswegen immer mißtrauisch beobachtet hatte, bot ihm großmütig Asyl. Von dort her schaute er grimmig zu, wie die Dämme seines Absolutismus vom reißenden Strom des Zeitgeistes überspült wurden.
Wichtig für uns ist an dem Entwicklungsgang der Revolution von 1848/49 allein der Gegenstand „Reichsverfassung". Wie sollte das künftige Deutschland aussehen, und welcher Platz war Österreich darin zugedacht von seiten der Nationalversammlung in der Paulskirche?
Der Verfassungsentwurf sah vor (und die nachfolgend verabschiedete Reichsverfassung des Paulskirchen-Parlaments ebenfalls), daß das Deutsche Reich alle jene Gebiete umfasse, die bisher zum Deutschen Bund gehört hatten. Das bedeutete: die deutschsprachigen Teile Österreichs, ebenso Böhmen und Mähren – aber *nicht* alle übrigen Bestandteile der Donaumonarchie. Mit anderen Worten, die Mehrheit der Nationalversammlung wünschte, mit dem Paragraphen-Lasso jene Teile Österreichs einzufangen, die von altersher zu Deutschland gehört hatten, was auf eine Spaltung der Monarchie hinauslief.
Es war eben ein Unterschied, ob man einen Staatenbund besaß wie bisher, oder einen Bundesstaat anstrebte. Das alte Reich vor 1806 und der Deutsche Bund seit 1815 umfaßten lauter souveräne Einzelstaaten, die auch eigenständige Außenpolitik betrieben. Es war, als unterhielten heute Tirol oder die Steiermark Gesandtschaften in Paris oder London sowie untereinander. Auch Bündnisse mit auswärtigen Mächten waren statthaft, nur durften sie nicht gegen ein Mitglied des Bundes gerichtet sein. Demgegenüber nun zielte die Frankfurter Reichsverfassung auf einen föderativen Gesamtstaat, welcher die Selbständigkeit der Mitgliedsländer im völkerrechtlichen

Sinne aufhob. Eigenständigkeit sollte nur noch gelten, „soweit dieselbe nicht durch die Reichsverfassung beschränkt ist".

Es leuchtet ein, daß die hinzugedachten Bestandteile Österreichs in einem solchen Bundesstaat eine ganz andere Stelle eingenommen hätten als zuvor. Die Bindung wäre viel enger gewesen, und entsprechend hätten sich die Bindungen zum habsburgischen Großstaat gelockert. Das war sogar verfassungsrechtlich deutlich hervorgehoben im Paragraphen 2: „Hat ein deutsches Land mit einem nichtdeutschen Land dasselbe Staatsoberhaupt, so soll das deutsche Land eine von dem nichtdeutschen Lande getrennte eigene Verfassung, Regierung und Verwaltung haben." Das heißt: In Tirol oder in Böhmen-Mähren hätten hohe Zäune der Verfassung, Regierung und Verwaltung gegenüber Ungarn oder Venetien errichtet werden müssen. Wie sollte die Vielvölker-Monarchie mit ihrem Zentrum Wien solchen Wirrwarr zusätzlich verkraften, ohne darüber auseinanderzubrechen?

Die Deutsch-Österreicher, soweit sie die Einigung Deutschlands unterstützten, wollten sich jedoch nicht von den habsburgischen Reichsteilen trennen, die seit Jahrhunderten dazugehörten. „Dadurch verstrickten sich aber die Deutsch-Österreicher in einen unlöslichen Widerspruch" (Rudolf Stadelmann). Letztlich, so derselbe Historiker, gab es nur ein Entweder-Oder. „Die Deutsch-Österreicher mußten wählen, ob das Deutschbewußtsein oder das Staatsbewußtsein in ihnen überwog; ob sie zu Reichsdeutschland *oder* zur Donaumonarchie gehören wollten."

Die Entscheidung wurde ihnen abgenommen. Denn die maßgeblichen Regierungen, von der Revolution eine Weile betäubt, dann wieder erholt und gestärkt, sagten nein zur Reichsverfassung. Als Felix Fürst Schwarzenberg im Herbst 1848 die Revolution in Wien überwand, entwickelte er vor dem Reichstag sein politisches Programm, „das in wenigen Sätzen sämtliche großdeutschen Hoffnungen zerstörte" (Johannes Willms): „... Nicht in dem Zerreißen der Monarchie liegt die Größe (Deutschlands), nicht in ihrer Schwächung die Kräftigung Deutschlands. Österreichs Fortbestand in staatlicher Einheit ist ein deutsches wie ein europäisches Bedürfnis." Willms kommentiert diese Sätze mit den Worten: „Schwarzenberg bedeutete der Paulskirche damit, sie müsse bei der deutschen Einigung auf Österreich verzichten."

Die großdeutschen Blütenträume welkten dahin. Im gleichen Maße gewann die „kleindeutsche" Partei in der Paulskirche die Oberhand. Die Kleindeutschen waren wirklichkeitsnäher, soweit die Nationalversammlung angesichts der Machtverhältnisse überhaupt realistisch zu denken vermochte. Jedenfalls machte sich eine Stimmung breit, welche eine Einigung Deutschlands nur unter preußischer Führung und unter Ausschluß Österreichs als sinnvoll erachtete. Im Frühjahr 1849 wählte die Mehrheit der Volksboten mit 290 Stimmen bei 248 Enthaltungen Friedrich Wilhelm IV., den König von Preußen, zum deutschen Kaiser. Eine Abordnung des Parlaments überbrachte dem Monarchen feierlich diesen Beschluß.

König Friedrich Wilhelm IV. besaß eine hohe Meinung von der Gottesgnadenschaft seines Amtes. Eine Krone von der Revolution anzunehmen, bedeutete für ihn, vom Thron hinab in die Volksmenge zu steigen. Als daher der Delegationsleiter Eduard Simson seine ehrerbietige und gleichzeitig selbstbewußte Rede gehalten hatte, antwortete der König von Preußen, einer solchen Kaiserwürde, wie sie ihm angetragen, müßten *alle* deutschen Fürsten zustimmen (also auch der österreichische Kaiser!). Das war eine indirekte, verkleidete Absage. Simson büßte seine Stärke ein und wurde hilflos. Die Revolution von 1848 war gescheitert. *So* konnte Deutschland nicht geeinigt werden. Keiner ahnte, daß derjenige, welcher es dennoch schaffen würde,

König Friedrich Wilhelm IV. von Preußen. Den Antrag der Revolution, die deutsche Kaiserkrone anzunehmen (1849), wies der Monarch, der in der Geschichtsschreibung oft als „Weichling" geschildert wird, unter Hinweis auf die „Gottesgnadenschaft" des Herrscheramtes energisch zurück.

Durch den Bruderkrieg von 1866 (rechts: Wilhelm I. mit militärischem Gefolge auf dem Schlachtfeld von Königgrätz) wurde der preußisch-österreichische Dualismus um die Vorherrschaft in Deutschland endgültig zugunsten Preußens entschieden. Die zeitgenössische Zeichnung zeigt die siegreiche Germania unter den Fittichen des preußischen Adlers auf den Trümmern des Deutschen Bundes (oben).

schon in der Kulisse stand. Aber dann würde Deutschland nicht von unten geeinigt werden, sondern von oben.

Bruderkrieg 1866

Otto von Bismarck, aus märkischem Uradel, von sehr hohem Wuchs, zu dem die merkwürdig dünne Stimme nicht passen wollte, zugleich aber ein Redner von größter bildhafter Kraft und von polemischer Spitzzüngigkeit – dieser hinterpommersche Rittergutsbesitzer war dem König durch seine antirevolutionäre Haltung aufgefallen. Friedrich Wilhelm schickte ihn nach Frankfurt, damit er in dem wieder in Funktion gesetzten Bundestag die Angelegenheiten Preußens vertrete und mit Österreich einvernehmlich regele.
Bismarck hielt nichts vom „nationalen Schwindel" einer Reichseinigung; er war preußischer Partikularist. Aber gerade, weil er Preußens Gewicht in Deutschland stärken wollte, erkannte er das entscheidende Hemmnis dafür: Österreich. Die Donaumonarchie war von schwerfälligem Beharrungsvermögen: uninteressiert, an den deutschen Dingen etwas zu ändern, aber nicht willens, sie aufzugeben.
Natürlich gibt kein Staat in der Welt freiwillig etwas auf; darin machte Österreich also keine Ausnahme. Ein Machtpolitiker von Geblüt wie Bismarck stieß sich nicht an diesem Festhaltebegehren der Staatsmänner in Wien; das war ihm selbstverständlich. Er erkannte nur mit scharfem Blick, daß die Konstruktion des Deutschen Bundes eine veraltete Verfassungsordnung war, die den Anforderungen des Zeitalters nicht mehr entsprach. Deutschland, das durch den Zollverein von 1833 wirtschaftliche Barrieren abbaute und durch die Eisenbahn technisch-verkehrsmäßig enger zusammenrückte, Deutschland brauchte eine politische Vor- und Führungsmacht, nicht eine in rostigen Angeln knarrende Balance. Österreich hatte *seine* europäische Aufgabe als Ordnungsmacht auf dem südöstlichen Schauplatz gefunden. Deutschlands Ordnungsmacht konnte nur Preußen sein. Aus dieser Einsicht ist die Äußerung zu verstehen, die Bismarck 1856 in einem Brief niederschrieb:
„Deutschland ist zu eng für uns beide ... Der deutsche Dualismus hat seit tausend Jahren gelegentlich, seit Karl V. in jedem Jahrhundert regelmäßig durch einen gründlichen inneren Krieg seine gegenseitigen inneren Beziehungen reguliert, und auch in diesem Jahrhundert wird kein anderes als dieses Mittel die Uhr der Entwicklung auf ihre richtige Stunde stellen können."
Wie auch immer der *Weg* der Einigung verlief: das *Ziel* war hieraus klar: eine kleindeutsche Lösung unter Führung Preußens. Österreich würde diesem von Preußen geeinten und geführten Deutschland nicht angehören. Das war genau das gleiche Ziel, wie es die Preußenpartei der Paulskirche verfochten hatte; nur, daß jene Männer natürlich dem *Volk* die Hauptrolle bei der Einigung zuweisen wollten. Wir wissen, daß das nicht gelang. So sind die Achtundvierziger zweimal gescheitert, erst durch die Absage Friedrich Wilhelms IV., sodann durch die militärische Lösung Bismarcks, bei der die Demokraten als Politiker nichts zu sagen, allenfalls als Soldaten zu gehorchen hatten.
Die Waffen standen ganz am Schluß. Bis dahin wurde ein langer Weg der diplomatischen Schach- und Winkelzüge, der politischen Manöverkunst durchmessen, bei der Bismarcks Geschicklichkeit nicht ihresgleichen hatte. Dieser Überlegenheit war zuerst im Frankfurter Bundestag der österreichische Gesandte und Vorsitzende Friedrich Graf Thun ausgesetzt. Wie der preußische Gesandte seinem Gegenspieler zusetzte, erzählen Briefe. Bismarck: „Meinen Freund Thun, der in meiner Abwesenheit bedenklich heiter geworden war, habe ich gleich in der ersten Sitzung wieder ins Bett geärgert, welches er nur ausnahms-

Der Vater des Sieges von Königgrätz, Helmuth Moltke. Seiner kühnen Strategie („getrennt marschieren, vereint schlagen") war die Entscheidung auf dem Schlachtfeld (3. Juli 1866) vornehmlich zu danken – die Durchschlagskraft der preußischen Zündnadelgewehre natürlich nicht zu vergessen.

weise wieder verließ; gestern habe ich (es) ihm gegeben, nun liegt er fest."
Nachdem Thun, um nicht ernsthaft Schaden zu leiden, sich hatte abberufen lassen, hielt es auch der Nachfolger Anton Freiherr von Prokesch-Osten nicht lange aus, denn: „Einen unangenehmeren Posten als den hiesigen kann es auf Erden nicht geben."
Das war das Klima, in dem die deutschen Dinge sich schon innerlich zuspitzten, als äußerlich die stickige Atmosphäre bewegungsarmer „Reaktion" herrschte; als in Österreich wie in Deutschland viele Errungenschaften von 1848 wieder verloren waren; als das mittlere Bürgertum behaglich „Die Gartenlaube" las und spätbiedermeierliche Gemütlichkeit pflegte, das Proletariat dagegen unter den Begleiterscheinungen der industriellen Revolution litt.
Die Berufung Bismarcks zum Ministerpräsidenten durch den neuen König Wilhelm I., Bruder Friedrich Wilhelms IV., 1862, war von seiten des Monarchen kein Willensakt, um die Entwicklung voranzutreiben. Im Gegenteil war Wilhelm ein zögernder Charakter, prüfend, abwägend, gewissensempfindlich. Alle riskanten Vorschläge seines leitenden Ministers wog er dreimal und war voller Skrupel und Zweifel. Andererseits verschloß er sich auf die Dauer nicht den Anreizen, sein Haus in Deutschland zu stärken und das Namensschild Hohenzollern über das ältere der Habsburger zu setzen; nur mußte bei der Adressenänderung alles rechtschaffen vor sich gehen, zumindest sich so deuten lassen ...
Im Frühsommer 1866 spitzen sich die preußisch-österreichischen Spannungen im Frankfurter Bundestag dramatisch zu. Preußen beantragt eine Bundesreform unter Ausschluß Österreichs. Daraufhin gewinnt Österreich die Mehrheit des Hauses für die Mobilmachung der Bundesarmee, worauf Preußen die Bundesakte für gebrochen erklärt und aus dem Deutschen Bund austritt. Der Konflikt ist da.
Auf seiten Preußens stehen die kleineren mittel- und norddeutschen Fürstentümer, auf seiten Österreichs die Königreiche Hannover, Sachsen, Bayern, Württemberg, dazu sechs weitere deutsche Länder und die Stadt Frankfurt. Die Gruppierung sagt nichts Zuverlässiges über die jeweilige Stimmung im Volk; hier handeln die Herrscherhäuser, die Regierungen. Einheit hin, Einheit her: es geht dabei auch um handfeste Interessen etablierter Kleinmächte und ihrer Besitzstände. Was bringt die Zukunft? Wird man Thron und Rechte wahren können? In solchen Zweifelsfällen ist das beharrende Element immer sehr stark, der Fortschrittsgeist nicht allzu kühn. Und außerdem: Man traut den Waffen Preußens weniger zu als denen Österreichs. Das sieht sich von heute her erstaunlich an. Aber der Deutsch-Dänische Krieg 1864 ist nicht so überzeugend verlaufen, daß in Preußens Heeresreform allzu große Zuversicht gesetzt wird, und Moltkes Genie als Generalstabschef ist noch nicht genügend hervorgetreten und erkannt. Die Zeitgenossen betrachteten die bevorstehende Partie auf dem Schlachtfeld durchaus als offen.
Wie's weiter ging? 1986 erschien in der Zeitschrift *Damals* in Gießen eine fünfteilige Serie „Als Deutschland einig wurde" von Harald Steffahn, mit dem Untertitel „Kleiner Geschichtsführer in Versen". Die entscheidende Phase des Bruderkrieges 1866 liest sich so:

Getrennt marschieren – und schlagen vereint,
so lehrte es Scharnhorst vor Zeiten.
Nach diesem Rezept will nun Moltke dem Feind
ein beschleunigtes Ende bereiten.

Er plant „einen einzigen starken Schlag",
dann läge „uns Deutschland zu Füßen".
Nur leider läßt Mars am entscheidenden Tag
ihn durch quälende Wartezeit büßen:

bestraft ihn für seinen gefährlichen Mut,
daß er angreift, eh' alle vereinigt.
Kanonen wüten in preußischem Blut,
und von Sorgen wird Wilhelm gepeinigt.

„Ach Moltke, wir verlieren die Schlacht!"
lamentiert er mit bänglichen Sinnen.
„Majestät werden heut'", kommt die Antwort
bedacht,
„die Schlacht und den Feldzug gewinnen".

Die Gläser bestreichen der Ebene Rand,
von Sehnsucht verlängerte Augen.
Der Kronprinz ist brennender Hoffnungen
Pfand,
nur er kann zum Siege noch taugen.

Da – wirbelnder Staub im Nordosten verrät's:
Des Prinzen Armee eilt entgegen.
Sie wendet das Ringen von Königgrätz
entscheidend zu preußischem Segen;

– ein Wort, das mitunter sehr zeitenbedingt
und schwankend im Wertgefüge.
Wenn aber ein Zustand die Einsicht erzwingt,
daß er nicht mehr dem Anspruch genüge?

Wenn das Bundeshaus nur noch ein lebloser
Raum
mit dem Leichengeruch der Geschichte?
Wenn verbreiteter deutscher Einigungstraum
sich verbündet mit Preußens Gewichte?

Wenn so deutlich schon Österreichs Lebens-
gesetz
sich entfernt von den deutschen Belangen?
Dann müssen die Parzen ein anderes Netz
uns knüpfen nach *unser'm* Verlangen.

Dann ist der tragische böhmische Tag
nach dem Zeitmaß ein Fortschritt zu nennen.
Für Preußen bedeutet des Sieges Ertrag:
Von Deutschland muß Habsburg sich trennen.

Gern hätte der König nach alter Manier
den Besiegten zur Ader gelassen.
Daß Bismarck im Nikolsburger Quartier
so maßvoll, das konnt' er nicht fassen.

Wie Jakob rang mit dem Engel des Herrn,
so Bismarck mit Wilhelm – in Tränen.
Ein Sieg ohne Rache auf unserem Stern
– man muß ihn mit Andacht erwähnen . . .

Otto von Bismarck (stehend in der Mitte) beim Abschluß des Vorfriedens in Nikolsburg am 26. Juli 1866, dem am 23. August der Friedensvertrag von Prag folgte. Wichtigster Punkt: „Der Kaiser von Österreich gibt seine Zustimmung zu einer neuen Gestaltung Deutschlands ohne Beteiligung des österreichischen Kaiserstaates."

Das gefährliche Bündnis

So kam es, daß Österreich relativ ungeschoren, das heißt: ohne Landverlust, aus der Niederlage gegen Preußen hervorging. 40 Millionen Taler Kriegsentschädigung waren ein äußerst maßvolles Verlangen des Siegers. Bismarck wußte, daß der Weg zur (klein-)deutschen Reichseinigung noch steinig war, und konnte ein racheschnaubendes Österreich dafür nicht gebrauchen. Ihm genügte es, Preußen nördlich der Mainlinie territorial abzurunden, vor allem durch die Annexionen von Hannover und Schleswig-Holstein. Daß die weitschauende Diplomatie Früchte trug, spürte der Historiker Leopold von Ranke schon 1868 in Wien; er hörte kein einziges feindseliges Wort gegen Preußen. Die hauptstädtische Zeitung „Die Presse" schrieb dort, offenkundig selber erstaunt: „Unglaublich, wie rasch wir die Prügel von Königgrätz vergessen haben." Aber diese Vergeßlichkeit setzte eben zweierlei voraus: die vorherige Schonung durch den Sieger und die gewachsene innere Distanz zu Deutschland.
Die tausendjährige deutsche Eiche war so verzweigt, daß die fernsten Äste den Stamm nicht mehr sahen, die „Äste" Schweiz, Niederlande, Böhmen/Mähren. Auch Österreich verlor zunehmend die Beziehung zum alten Wurzelgeflecht, obwohl ihm noch immer Lebensstoffe von dort zuflossen.
Deutschlands Einigung wurde 1870/71 auf den Schlachtfeldern von Vionville, Gravelotte, Mars-la-Tour und Sedan vollendet und in Versailles besiegelt. Wir brauchen diesen geschichtlichen Spuren hier nicht im einzelnen zu folgen, da das Schwergewicht der Betrachtungen woanders liegt: im gegenseitigen Verhältnis Deutschlands und Österreichs und in der Frage, wie Österreich seinen Platz in der europäischen Völkerlandschaft selber begriff.
Für Österreich bedeutete das Jahr 1866 eine schmerzliche Etappe auf einem anscheinend unumkehrbaren Eigenweg, für

Deutschland war es die Voraussetzung der Reichseinigung. Die heutige Historikerschaft ist weit überwiegend der Meinung, daß die tragische Gewaltlösung des Bruderkrieges 1866 unvermeidlich war. Aus dem Scheitern des Bismarckstaates in unserem Jahrhundert darf nicht rückgeschlossen werden, daß jeder andere Weg damals heilsamer gewesen wäre. So dachten die Menschen nicht. Wenn die „Berliner Illustrirte" kurz vor 1900 auf eine Leserumfrage, welches „das größte historische Ereignis in diesem Jahrhundert" gewesen sei, die fast einmütige Antwort erhielt: „die Einigung und Wiederaufrichtung des Deutschen Reiches", dann spricht daraus

Die „Kaiserproklamation von Versailles" 1871. Dieses Prachtgemälde von Anton von Werner verlieh mit seiner Verherrlichung des „eisernen Kanzlers" Bismarck (Bildmitte, in heller Uniform) dem Selbstbewußtsein der neuen „preußisch-deutschen" Nation einen für Jahrzehnte gültigen Ausdruck.

das Zeitgefühl von einem erfüllten Traum. Rundherum hatten im 19. Jahrhundert andere Völker ihre Einheit und Unabhängigkeit errungen: die Lateinamerikaner, die Griechen, Belgier, Italiener; der Nationalgedanke war einer der großen, nicht immer glückbringenden Bewegkräfte des Jahrhunderts. Keiner konnte den Deutschen verargen, daß sie ebenfalls einig sein wollten, auch wenn Bismarck, wie dargelegt, dabei nicht von romantischer Sehnsucht, sondern von preußischem Großmachtdenken geleitet wurde. Gleichviel, das Ergebnis war dasselbe: das Deutsche Reich.

Wenn gesagt wurde, Österreich sei aus der Niederlage gegen Preußen ohne Landverlust hervorgegangen, dann bleibt nachzutragen, daß es ja noch einen zweiten Kriegsschauplatz gab: den italienischen. Hier waren die Österreicher erfolgreicher, sie siegten bei Custozza zwischen Etsch und Gardasee – und verloren dennoch die Provinz Venetien im Frieden von Wien. Es war eine Abtretung an den Zeitgeist, an den unwiderstehlichen Sog der italienischen Einigungsbewegung, die den Österreichern schon sieben Jahre zuvor bei Magenta und Solferino die Lombardei entrissen hatte. So war der Sieg von Custozza vergeblich.

Das geprüfte Österreich mußte noch an einer dritten Front kämpfen, wenn auch ohne Waffen. Gegenüber der geschwächten Zentralgewalt in Wien setzten die selbstbewußten Ungarn ihre Forderung nach einer Umgestaltung der Monarchie im Sinne ungarischer Gleichberechtigung durch und erlangten diese Zugeständnisse im „Österreichisch-ungarischen Ausgleich" im Jahre 1867. Zwei konstitutionelle Monarchien waren nun unter *einem* Staatsoberhaupt zur Doppelmonarchie gleichberechtigt zusammengeschlossen, bei gemeinsamer Außen- und Finanzpolitik und gemeinsamem Heer mit deutscher Kommandosprache. Gegenüber den slawischen Volksteilen und den übrigen Minderheiten in der Monarchie genossen die Ungarn also beneidete Vorteile. Sie trugen nicht wenig dazu bei, besonders bei den Tschechen, den Drang nach nationaler Eigenständigkeit zu fördern. Doch vor 1918 wurde es nichts damit.

Zwischen Deutschland und Österreich entwickelten sich gute Beziehungen, je länger, je mehr. 1879 schlossen beide Länder ein Verteidigungsbündnis, den Zweibund. 1882 wurde er, unter Einschluß Italiens, zum Dreibund erweitert.

Bismarcks Außenpolitik wird auch hundert Jahre danach noch zu seinen größten Ruhmestiteln gerechnet. Und gerade je länger der Abstand, desto mehr weiß man sein diplomatisches Genie zu würdigen, weil diese Gabe nicht zu den schöpferischen Talenten der Deutschen gehört. Sein Vertragssystem war kompliziert bis zur Überraffinesse, so daß selbst sein eigener Sohn, der Staatssekretär Herbert von Bismarck, in seinen Briefen zu erkennen gab, daß er kaum mehr den rechten Durchblick besaß. Der erste Reichskanzler errichtete einen elastischen Sicherheitszaun um das Reich. Die kunstvolle Balance zwischen den Großmächten in Europa, die überseeischen Reibungen der Kolonialreiche untereinander garantierten den Frieden des Kontinents, die Unversehrtheit des Reiches.

Zu fragen bleibt aber, ob Bismarck klug handelte, als er die Südflanke durch reguläre Bündnisse sicherte. Von Italien dürfte ihm Napoleons III. spitze Bemerkung bekannt gewesen sein: „Die Italiener haben noch nie einen Krieg auf derselben Seite beendet, auf der sie ihn angefangen haben – ausgenommen die Kriege, in denen sie die Front zweimal wechselten.“ Und Österreich?

Die Heldentaten des späten 17. und des 18. Jahrhunderts lagen weit zurück; das neunzehnte verzeichnete überwiegend Niederlagen und nachteilige Friedensschlüsse. Hier mußten die Maßstäbe beim Betrachter liegen. Die Donaumonarchie hatte ihre Blütezeit hinter sich. Abgesehen davon wurde der Balkan zur Wetterecke Europas, sowohl durch Rußlands Drang zum Mittelmeer als auch durch die panslawistischen Strömungen von Petersburg aus, wo man sich als Schutzpatron der Südslawen unter Wiener Vormundschaft betrachtete. Die künftigen Spannungen waren mit Händen zu greifen. Daß Bismarck sie nicht verkannte, bezeugt sein Ausspruch, die orientalischen Händel auf dem Balkan seien nicht „die gesunden Knochen eines einzigen pommerschen Musketiers wert“. Und: „Die ganze orientalische Frage ist für uns keine Kriegsfrage. Wir werden uns wegen dieser Frage von niemandem das Leitseil um den Hals werfen lassen ...“ *Er* hätte das auch nicht zugelassen; konnte er aber für die Nachfolger bürgen? War, *daran* gemessen, die Bindung per Bündnis nicht gefährlich eng geknüpft? Das Jahr 1914 hat diese Frage leider mit ja beantwortet.

Bismarck, der „Zuchtmeister“ des Dreibundes (Karikatur aus der französischen Zeitschrift „Le Grelot“). Auf seinen Rutenschlag parieren Kaiser Wilhelm II. (Deutsches Reich), Kaiser Franz Joseph I. (Österreich) und Ministerpräsident Francesco Crispi (Italien). Verblüffend, wie weit der Zeichner die politische Entwicklung vorausahnte: Italiens „Seitensprung“ (die wachsende Distanz zum übrigbleibenden Zweibund), Wilhelm II. „in Treue festgekrallt“ auf dem Rücken Österreichs.

Der Weg in den Abgrund

Die Welt der Sicherheit

In der vierten Morgenstunde ließ er sich wecken. Ohne Frühstück – das gab es erst um fünf – setzte er sich zu den Akten. Die Schreibtischfron währte bis zum Schlafengehen, unterbrochen nur durch Audienzen, Inspektionen und repräsentative Verpflichtungen. Die Geschichte kennt wenige Herrscher, die so lange regiert haben wie Franz Joseph I. – 68 Jahre –, aber keinen, der unerbittlicher gearbeitet hat. Darin kommt ihm nur Friedrich der Große gleich in den 23 Jahren vom Ende des Siebenjährigen Krieges bis zu seinem Tode.
Der vollkommen unösterreichische Habsburger Franz Joseph glich einem gekrönten Sklaven. Er war erstarrter Pflichtgedanke. Noch an seinem Todestage saß der 86jährige Kaiser, wie der letzte Kammerdiener Eugen Ketterl erzählt, „obwohl von Fieberschauern durchschüttelt, am Schreibtisch und legte die Feder nur aus der Hand, um sich aufs Sterbelager zu strecken". Zum Leibbediensteten sagte er am Abend des 21. November 1916: „Ich bin mit meiner Arbeit nicht fertig geworden; morgen um halb vier wecken Sie mich wie gewöhnlich."
Mit der Arbeit nicht fertig geworden – der Ausspruch steht wie sinnbildhaft am Ende eines Lebens, in dem der Leistungswille enorm, das Gestaltungsvermögen gering gewesen war. Franz Joseph hat den Staat verwaltet, nicht geformt. Österreich glich einer Eisenbahn auf rüttelndem Gleisbett. Der Unterbau hätte längst von Grund auf erneuert werden müssen. Die Reisenden wurden geschüttelt, aber sie kannten es nicht anders; irgendwie kam man schon zum Ziel. Für Generalüberholungen oder gar Neuerungen im Staat war dieser Monarch denkbar ungeeignet, weil unschöpferisch. Auch bei *noch* längerem Leben (den Krieg einmal fortgedacht) hätte sich unter seiner Herrschaft nichts geändert. Er wäre mentalitätsbedingt nie mit der Arbeit „fertig geworden".
Statt dessen hatte seine Ära während des langen Friedens gerade wegen der äußeren Unbeweglichkeit auch etwas Positives geboten: Sie war auf eine unvergleichliche Weise geruhsam und gleichmäßig erschienen. Wer altösterreichische Erinnerungen liest, wird eingefangen von einem Daseinsgefühl des absolut Verläßlichen, Stetigen, Dauerhaften. Es war wie in der Rütlischwur-Szene in Schillers „Wilhelm Tell":

> So hat die alte Sitte hier vom Ahn
> Zum Enkel unverändert fortbestanden.
> Nicht tragen sie verweg'ne Neuerung
> Im altgewohnten gleichen Gang
> des Lebens.

Stefan Zweigs Rückschau auf „Die Welt von gestern" kurz vor seinem Freitod im brasilianischen Exil 1942 zeigt durch das Medium seines hellwachen Erinnerns (mit einem Schuß nostalgischer Trauer), wie seine Landsleute, und er selber in jungen Jahren, die späte Kaiserzeit empfunden und erfahren haben.
„Wenn ich versuche, für die Zeit vor dem ersten Weltkriege, in der ich aufgewachsen bin, eine handliche Formel zu finden, so hoffe ich am prägnantesten zu sein, wenn ich sage: es war das goldene Zeitalter der Sicherheit. Alles in unserer fast tausendjährigen österreichischen Monarchie schien auf Dauer gegründet und der Staat selber der oberste Garant dieser Beständigkeit. Die Rechte, die er seinen Bürgern gewährte, waren verbrieft vom Parlament, der frei gewählten Vertretung des Volkes,

Georg Ritter von Schönerer, der seinerzeit prominenteste Streiter für das „Alldeutschtum“ in Österreich.

Karl Lueger, Wiens Bürgermeister um die Jahrhundertwende, der mit seiner antisemitischen Demagogie die Weltanschauung des heranwachsenden Hitler maßgeblich beeinflußte.

und jede Pflicht genau begrenzt. Unsere Währung, die österreichische Krone, lief in blanken Goldstücken um und verbürgte damit ihre Unwandelbarkeit. Jeder wußte, wieviel er besaß oder wieviel ihm zukam, was erlaubt und was verboten war. Alles hatte seine Norm, sein bestimmtes Maß und Gewicht. Wer ein Vermögen besaß, konnte genau errechnen, wieviel an Zinsen es jährlich zubrachte, der Beamte, der Offizier wiederum fand im Kalender verläßlich das Jahr, in dem er avancieren werde und in dem er in Pension gehen würde. Jede Familie hatte ihr bestimmtes Budget, sie wußte, wieviel sie zu verbrauchen hatte für Wohnen und Essen, für Sommerreise und Repräsentation, außerdem war unweigerlich ein kleiner Betrag sorgsam für Unvorhergesehenes, für Krankheit und Arzt bereitgestellt. Wer ein Haus besaß, betrachtete es als sichere Heimstatt für Kinder und Enkel; Hof und Geschäft vererbten sich von Geschlecht zu Geschlecht. Während ein Säugling noch in der Wiege lag, legte man in der Sparbüchse oder der Sparkasse bereits einen ersten Obolus für den Lebensweg zurecht, eine kleine ‚Reserve‘ für die Zukunft. Alles stand in diesem weiten Reiche fest und unverrückbar an seiner Stelle und an der höchsten der greise Kaiser; aber sollte er sterben, so wußte man (oder meinte man), würde ein anderer kommen und nichts sich ändern in der wohlberechneten Ordnung. Niemand glaubte an Kriege, an Revolutionen und Umstürze. Alles Radikale, alles Gewaltsame schien bereits unmöglich in einem Zeitalter der Vernunft.“

„Kauft nichts bei Juden!“

Im Rückblick sah natürlich jeder, wie trügerisch der geruhsame Gleichtakt der österreichischen Lebensuhr gewesen war, wie störanfällig das Werk; ein Wunder, daß es bei so vielen Gefährdungen so lange gehalten hatte. Die Gefahren lagen außen *und* innen. Stellen wir die äußeren noch zurück und schauen (um beim Bilde zu bleiben) ins Uhrengehäuse, in das muntere Getriebe der Federn und Rädchen.

Die Vielvölker-Monarchie hatte bis tief ins 19. Jahrhundert ein relativ verträgliches Daseinsklima genossen, sieht man von der Achtundvierziger-Revolution ab. Danach forderte die italienische Einigungsbewegung zweimal ihren Tribut von Österreich – und bekam ihn auch. Während die Außenverhältnisse danach längerhin unbedrohlich blieben, begann es im Innern zu gären. Eine politische Gruppe – eine Minderheit nur, aber hochaktiv – war von dem aus Deutschland herüberdringenden Gedanken des Alldeutschtums angesteckt worden. Diese Gesinnungsrichtung, die sich 1891 in Berlin vereinsmäßig organisiert hatte, wollte alle Deutschen in Europa in einer gewaltigen Lebensraum-Gemeinschaft vereinigen.

In Österreich teilte als prominentester Streiter der Gutsbesitzer Georg Ritter von Schönerer die aggressive Grundidee. Ihr stand die Staatsform der Vielvölkerfamilie, das Prinzip des Über- und Multinationalen, natürlich vollkommen entgegen. Deshalb bekämpfte Schönerer verbissen die Habsburgermonarchie. Sein Programm lautete: Abstoßen aller nichtdeutschen Bevölkerungsteile und Vereinigung Deutsch-Österreichs mit dem Deutschen Reich. Er war also ein verspäteter Großdeutscher aus der Paulskirche, nur um eine Generation zu spät geboren (1842). Als Österreicher beständig die Zerlegung des eigenen Staatsgebildes zu propagieren, war ungefähr so, als ob ein Ruderer auf einem See beharrlich die Planken anbohrt. Die Bootswände hielten aber noch leidlich stand. Mit anderen Worten: Dem selbstzufriedenen österreichischen Bürgertum erschien der Ritter von Schönerer nicht gefährlich. Die liberale Grundstimmung der Zeit ließ ihn gewähren und begriff ihn als eine Randerscheinung: ärgerlich, aber nicht bedrohend. Man ließ sich einfach

durch solche Aufgeregtheiten nicht aus der Ruhe bringen.
Abgeschwächt galt das auch für einen zweiten Schauplatz heftiger Ausfälle, feindseliger Attacken und böser Verunglimpfung: den Schauplatz der Judenfeindschaft. Immerhin ging es hier erheblich geräuschvoller zu als auf dem Felde des nationalistischen Kampfgeschreis. Der Antisemitismus besaß einen anderen Stellenwert. Das lag daran, daß die Monarchie kompakte jüdische Siedlungsgemeinschaften aufwies. Vor allem aus dem polnisch-russischen Galizien, dem Armenhaus der Völkerfamilie unter dem Doppeladler, strömten unablässig Glücksritter nach Wien und trugen dadurch soziale Spannungen in die Metropole. Alle diese Unbemittelten wollten etwas werden. Mit ihrem Fleiß und ihrem beweglichen Verstand beunruhigten sie das hauptstädtische kleine und mittlere Bürgertum. Parteipolitiker wie der Bürgermeister Karl Lueger machten sich die Abstiegsängste der Eingesessenen zunutze und hetzten sie auf.
Aber nicht nur im Berufsmilieu der Kaufleute und Handwerker brüteten Konflikte. Tief in die Akademikerschaft hinein reichte das Konkurrenzdenken, immer vor dem Hintergrund traditioneller religiöser Affekte der katholischen Konfession gegen das Judentum. In Arthur Schnitzlers

Ein Straßenbild aus dem Wien der Kaiserzeit: Juden im Kaftan, mit Bart und Peies (Schläfenlocken). Der Antisemitismus hatte, was er sehen wollte: Äußerlich deutlich erkennbare Zusammengehörigkeit, exotisches, fremd anmutendes Gebaren.

Hitlers Vater Alois, den der Sohn in seinem Bekenntnisbuch „Mein Kampf“ als „pflichtgetreuen Staatsbeamten“ schildert. Bei dem Gedanken, nach seines Vaters Wunsch gleichfalls „Beamter werden zu müssen“, will dem jungen Adolf allerdings „gähnend übel“ geworden sein.

„Ich habe den Vater verehrt, die Mutter jedoch geliebt“, bekennt Hitler in „Mein Kampf“. Klara Hitler, geborene Pölzl, war mit ihrem Ehemann blutsverwandt – Alois Hitlers Vater war zugleich ihr Großvater. Für die Eheschließung (1885) mußte daher ein Dispens der Kirche erwirkt werden.

Schauspiel „Professor Bernhardi“ von 1912 treffen beide Tendenzen zusammen und beleuchten das intellektuelle Freund-Feind-Denken um die Jahrhundertwende an einem bühnenwirksamen Problemfall.
Bernhardi leitet ein Krankenhaus. Auf der Frauenstation liegt ein junges Mädchen im Sterben, nach einer verpfuschten Abtreibung. Jetzt dämmert es dahin in jenem beseligten Zustand, der bekannten Euphorie, die dem Ableben so oft vorausgeht. In dieser Situation erscheint ein Priester, um ihr, der Sterbenden, die Letzte Ölung darzureichen. Bernhardi verweigert dem Geistlichen den Zutritt, um die Kranke nicht aus ihrem glücklichen Wahn in die brutale Wirklichkeit zurückzustoßen. Die Zurückweisung zieht Kreise, wird zur Staatsaffäre, zum parlamentarischen Politikum, mit der Stimmungstendenz, der jüdische Chefarzt habe, weil er eben Jude ist, den Kirchenmann an der Ausübung seiner Pflicht gehindert. Die Meinung der Kollegenschaft im Krankenhaus ist heftig gespalten. Bei einem Teil tritt der antijüdische Affekt unverhüllt zutage; die anderen weisen darauf hin, daß der Arzt aus keinem anderen als dem fachlichen Gesichtspunkt gehandelt habe (was auch stimmt). In einem solchen Verteidigungsplädoyer sagt ein Parteigänger Bernhardis:
„... Es war vielleicht der schönste Augenblick ihres Lebens, ihr letzter Traum. Und aus diesem Traum wollte Bernhardi sie nicht mehr zur furchtbaren Wirklichkeit erwachen lassen. Das ist seine Schuld! Dieses Verbrechen hat er begangen! Dies und nichts mehr. Er hat den Pfarrer gebeten, das arme Mädel ruhig hinüberschlummern zu lassen. *Gebeten*. Sie wissen es alle. Wenn er auch minder höflich gewesen wäre, jeder müßte es ihm verzeihen. Was für eine ungeheure Verlogenheit gehört dazu, um den ganzen Fall anders anzusehen als rein menschlich. Wo existiert der Mensch, dessen religiöse Gefühle durch das Vorgehen Bernhardis in Wahrheit verletzt worden wären? Und gibt es einen – wer anders ist daran schuld als diejenigen, die diesen Fall, boshaft entstellt, weiterverbreitet haben? Wer anders als diejenigen, meine Herren, in deren Interesse es eben lag, daß religiöse Gefühle verletzt werden *sollten*; in deren Interesse es liegt, daß es Leute gibt, die religiöse Gefühle verletzen? Und gäbe es nicht Strebertum, Parlamentarismus, menschliche Gemeinheit – Politik mit einem Wort, wäre es (dann) jemals möglich gewesen, aus diesem Fall eine *Affäre* zu machen? Welche Verblendung treibt ... Sie dazu, diesen jämmerlichen Schwindel mitzumachen ... und einen Mann im Stich zu lassen, der nichts weiter getan hat als das Selbstverständliche? ...“
Die flammende Rede zugunsten des Verleumdeten ändert nichts daran, daß der Klinikchef wegen Religionsstörung verurteilt wird, ins Gefängnis muß und seine Zulassung zum Praktizieren, die Approbation, verliert. Arthur Schnitzler, selber Arzt und selber Jude, wollte eben in seinem milieugerechten Tendenzstück die heftige antijüdische Stimmungsmache im Lande anprangern, damals, 1912.
Wenn Dichtung sich mit Zeitströmungen auseinandersetzt, besitzt sie nicht minderen Quellenwert als „echte“ Reden, Briefe, Akten, Memoiren. Aber es fehlt auch nicht am authentischen Material zum selben Gegenstand. Fünfzehn Jahre vor dem Schauspiel, von dem wir eben Kenntnis genommen haben, 1897, hatte in Basel der erste Zionistische Weltkongreß getagt. Der politische Zionismus unter seinem Anführer Theodor Herzl vertrat die Ansicht, daß die Juden unter ihren Gastvölkern keine endgültige Heimstatt finden könnten, weil sie letztlich nicht „angenommen“ werden. Daher sei es nötig, einen eigenen unabhängigen Staat zu gründen. Die Zionisten bildeten innerhalb der Judenschaft insgesamt nur eine Minderheit; sie waren es aber, die nach anfänglichen Orientierungsmühen die Rückkehr in die Urheimat Israel, ins „Altneuland“ (Herzl), propagierten. Als sie 1897 in Basel zum ersten

übernationalen Kongreß zusammentrafen, hallten vom Podium die Klagen über den Antisemitismus wider. Die Delegierten gerade aus dem habsburgischen Großraum wußten ein Lied davon zu singen. So äußerte der Kongreßteilnehmer Alexander Mintz:
„Der Antisemitismus meines Vaterlandes ist ... im Augenblick bereits Gemeingut sämtlicher Nationen Österreichs ... Ja, auch in die Blüte der Lehrerschaft ist er eingedrungen. Die Professoren der deutschen Hochschulen Böhmens beteiligen sich demonstrativ an den Veranstaltungen antisemitischer Vereine. Überall organisiert sich die Geselligkeit, der Sport auf nationaler, will sagen, judenreiner Basis. Und als wirksamstes Mittel wird der Boykott anempfohlen: ‚Kauft nichts bei Juden!' Dieser Ruf hat sich von Wien aus über ganz Österreich fortgepflanzt; von seiner Wirkung wissen Tausende der ärmsten jüdischen Geschäftsleute zu berichten."
Nochmals zur Verdeutlichung: Das österreichische Lebensgefühl, schon von Natur und Anlage zur Gemütlichkeit, zum Gemächlichen, zum Kompromißlerischen neigend, war ganz besonders in der relativen Windstille der späten Kaiserzeit von Selbstzufriedenheit erfüllt, von der Überzeugung, daß den Gleichklang des Zeitalters nichts ernsthaft stören könne. Wenn Schriftsteller wie Schnitzler ein seismographisches Gespür für Gefahren an den Tag legten, dann war das untypisch für die allgemeine Grundstimmung; wenn Juden unter Antisemitismus litten, es auch besorgt zum Ausdruck brachten, dann blieb die Bewußtseinslage der Gefährdung dennoch subjektiv, blieb im Gesamtzusammenhang aller Daseinsäußerungen der Monarchie auf eine Minderheit beschränkt. Die Zeit mit ihren untergründig tickenden Höllenmaschinen – Nationalismus, Antisemitismus – war gefährlich, wurde aber weithin nicht so betrachtet. Über einem Abgrund verteidigte die große Mehrheit eine heitere Unbekümmertheit. Das kultivierte, reich vermischte Bürgertum Wiens lebte in den Tag hinein. Die Sonne Habsburgs zog schon rosafarbene Streifen am Abendhimmel, aber man deutete sie als die Abschiedsstimmung einer Ära, nicht eines Reiches.

Der Müßiggänger

Im Rückblick ist es immer etwas faszinierend-unheimlich zu sehen, wie sich irgendwo ein Unheil zusammenbraute, ohne daß die Zeitgenossen es alle wahrnahmen; wie es immer deutlichere Formen annahm, aber die Warner verlacht wurden. Ein großer Unheilbringer verbrachte fünf wichtige Jahre seines frühen Lebens in Wien, vom Februar 1908 bis zum Mai 1913. Mit knapp 19 Jahren dorthin übergesiedelt, mit eben 24 von Wien fortgegangen: Das ist im Leben eines Heranwachsenden eine prägende, zukunftweisende Zeitspanne. Bei Adolf Hitler war sie wohl prägend, aber nicht zukunftweisend. Nichts wies auf irgend etwas. Plan- und ziellos lebte er dahin, träumte sich allenfalls in eine große Zukunft hinein, in die er aber nichts investierte: keine Ausbildung, kein entschlossenes Vorwärtsstreben, keinen systematischen Aufbau der Existenz. Selten ist wohl ein Vergleichsfall zu finden, bei dem das Vorher und Nachher so auseinanderklaffen; aus so wenigem so viel geworden ist. Ohne den Epochenumbruch, welcher den Kriegsheimkehrer „erweckte" und ihm ein ungeahntes Tätigkeitsfeld eröffnete, ist der Gegensatz nicht zu verstehen. Dennoch bleibt manches dunkel in diesem Lebensgang.
Hitler, 1889 in Braunau geboren, wechselte schon als Kind mehrfach die Heimstatt, weil sein Vater Alois Hitler als Zollbeamter häufiger versetzt wurde. Es muß aber etwas Unrastiges in der Natur des Vaters gelegen haben, denn auch im vorzeitigen Ruhestand hielt es ihn nicht lange an ei-

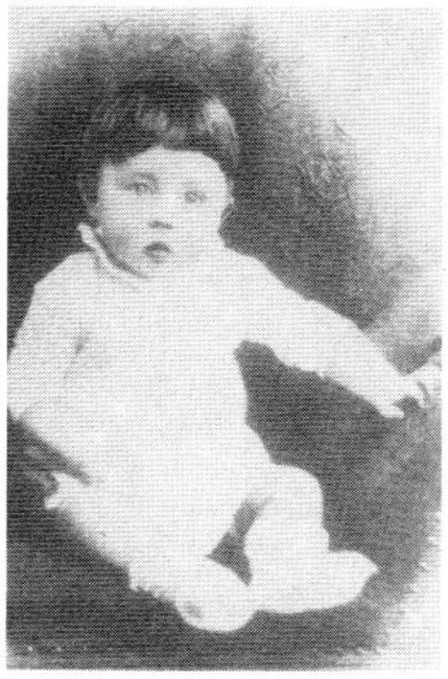

Das erste Bild Adolf Hitlers läßt noch nichts von seinem denkwürdigen Lebensweg ahnen. Geboren am 20. April 1889 in der kleinen österreichischen Provinzstadt Braunau am Inn, starb Hitler am 30. April 1945 im Bunker der zertrümmerten Reichskanzlei in Berlin durch eigene Hand.

Adolf Hitler mit sechzehn Jahren (Zeichnung eines Mitschülers).

Zu der bevorzugten Lektüre des jungen Hitler gehörten die „Ostara"-Hefte (Erstausgabe 1905) des Rassenideologen Lanz von Liebenfels. Dessen fixe Idee und einziges, ständig variiertes Thema war die „Bedrohung" des „blau-blonden Ariertums" durch die sogenannten „Niederrassen" oder „Minderrassen" (zu denen er alle „Rassenmischungen" zählte).

nem Wohnort. Als er 1903 starb, 65jährig, wohnte die Familie in Leonding bei Linz. Der Sohn besuchte dann noch ein Jahr die Oberrealschule in Steyr, brach aber seine Schulzeit vor der mittleren Reife ab und verlebte die folgenden Jahre bei seiner Mutter, die nach Linz umgezogen war, in fröhlichem Nichtstun. Zusammen mit seinem Freund August Kubizek schwelgte er in den von Wagner-Opern bereiteten Wonnezuständen. Das raffinierte Gemisch von üppigstem Klang, dramatisierter Sagenwelt und deutschem Sendungsglauben übte eine Faszination auf den jungen Bewunderer aus, wie wir sie uns größer gar nicht vorstellen können. Alle seine späteren großen Auftritte als Parteiführer, als „Führer und Reichskanzler", waren im Grunde Wagnersche Bühnenbilder, ins Freie verlegt, ins Politische umgesetzt: wogende Masse, Klang und Bild, Beschwörungsmagien mit den Parolen von deutscher Größe. Richard Wagner, 1883 gestorben, hatte nie einen begabteren Schüler als den nachgeborenen Adolf Hitler.

Als er 18 Jahre alt war, fuhr er mit einem Packen Zeichnungen nach Wien und bewarb sich an der Akademie der Bildenden Künste. Die Akademie mit ihren gefürchtet hohen Ansprüchen lehnte ihn mit der Begründung ab, daß seine Fähigkeiten ersichtlich mehr auf dem Gebiet der Architektur als der Malerei lägen. Für eine solche Ausbildung aber fehlte ihm die Grundvoraussetzung der mittleren Reife. Als nun auch noch die Mutter starb – im selben Jahr 1907 –, stand der junge Träumer und Phantast in mehrfacher Hinsicht sehr haltlos da. Er entschloß sich, nach Wien überzusiedeln, nahm einen nochmaligen Anlauf auf die Akademie in der Abteilung Malerei – und scheiterte erneut.

Von da an hat er nicht mehr versucht, einen Ausbildungsplatz oder eine Lehrstelle zu finden oder seinem Dasein anderweitig eine entschiedene Richtung zu geben. Er lebte buchstäblich in den Tag hinein, mit den auskömmlichen Mitteln ererbten und staatlichen Geldes (Waisenrente) sowie dem zusätzlichen Verdienst durch den Verkauf von Ansichtskarten. Seine sichere Hand in der Wiedergabe von Architektur schöpfte aus dem vollen, das allein schon der Ringstraßen-Zauber dem Betrachter bot.

So konnte man eine ganze Weile sorglos leben. Irgendwie abschüssig war aber eine solche Existenz dennoch. Das Erbe hielt nicht ewig vor, die Waisenrente war begrenzt, und ob sich immer wieder Abnehmer für die photographiegetreuen Nachbildungen der Prachtkulissen finden würden, war fraglich. Die Träume, ein großer Baumeister zu werden, waren auch nicht befreiend, wenn man nichts tat, um Fundamente dafür zu legen; wenn man sich willenlos vom großstädtischen Gewühl treiben ließ. Eine gewisse Zukunftssorge mußte sich diesem ziellosen Trott wohl zwangsläufig als Begleiter zugesellen.

Das ist der Punkt, an dem der Hitler-Biograph Joachim Fest den bodenständigen Wiener Antisemitismus und den perspektivlos lebenden Müßiggänger Adolf Hitler miteinander vereinigt; wie zwei Linien, die eine Weile parallel laufen und dann ineinander führen. Zwar weiß auch Fest, daß kein Schlüsselerlebnis ausfindig zu machen ist, durch welches Hitler plötzlich zum Antisemiten wurde; daß es vielmehr ein schleichender Prozeß war, der erst 1918/19 ins Aggressive umschlug – hier aber in den Wiener Jahren der langsamen materiellen Auszehrung erkennt er den Ansatz für die späterhin fanatischste Judenfeindschaft des Jahrhunderts: Man könne im ganzen davon ausgehen, daß Hitler seine soziale Problematik „politisiert" habe, „denn Schritt für Schritt sah er sich auf abschüssige Bahn geraten und folglich genötigt, seinen Deklassierungsängsten Genüge zu tun . . . Hitlers eigene Darstellung stützt im übrigen die Auffassung, daß er die Wendung zur antisemitischen Ideologie durchmachte, als das elterliche Erbteil aufgebraucht war und er . . . in Bedrängnis und jedenfalls sozial

viel tiefer geraten war, als es seinen sehnsüchtigen Träumen von Künstlertum, Genie und öffentlicher Bestaunung je zumutbar erschienen war".
Nicht ganz ersichtlich ist, woher Joachim Fest die Annahme leitet, daß das Erbe aufgebraucht gewesen sei. So bedrohlich war's noch nicht mit dem täglichen Brot; richtig ist aber, daß die eigene Darstellung des Parteiführers der Zwanziger Jahre Hinweise enthält, wie er damals in Wien gedacht und worum er sich geängstigt hat. In „Mein Kampf" singt er ein Loblied auf Karl Lueger, „den gewaltigsten deutschen Bürgermeister aller Zeiten", und bemerkt vielsagend: „Daher legte er das Hauptgewicht seiner politischen Tätigkeit auf die Gewinnung von Schichten, deren Dasein bedroht war ..." Gleich darauf nochmals: „So stellte er seine neue Partei in erster Linie auf den vom Untergange bedrohten Mittelstand ein und sicherte sich dadurch eine nur sehr schwer zu erschütternde Anhängerschaft von ebenso großer Opferwilligkeit wie zäher Kampfkraft."
Wie gesagt, ein prägnanter Punkt für den Umschlag ins Antisemitische ist in Hitlers Wiener Jahren nicht zu entdecken; im Gegenteil erfuhr er eher Positives, indem kulturfreudige Juden zu den Käufern seiner Bilder gehörten. Alles bleibt etwas im Dunst und Nebel, was die weltanschauliche Entwicklung des späteren Diktators betrifft. Andererseits: Einer, der 1918/19 in fertiger ideologischer Rüstung dasteht, muß sie vorher angelegt haben. Da die Jahre an der Westfront keine politischen Erlebnisse und Eindrücke vermittelt haben, konnte im Grunde nur die etwas stikkige Atmosphäre im Wiener Kleinbürgertum den Boden für die nachfolgenden Haßentladungen bereitet haben. Aber wer in dieses Halbdunkel der Werdezeit greift, erfaßt immer nur einzelne Fäden; ein vollständiges Muster ist nicht zu sehen. Wir müssen uns damit abfinden, daß der größte Judenverfolger der Menschheitsgeschichte Rätsel hinterläßt, woher sein Vernichtungswille rührt. Eines Tages steht er fertig da; für die Zeit davor sind nur Annäherungen möglich.
Das gleiche gilt für die nationaldeutsche Denkweise des jungen Hitler. Hier haben wir ebenfalls nicht viele Belege in der Hand, aber doch einige stützende Anhaltspunkte. Schon erwähnt wurde der Linzer Realschullehrer in Geschichte, Leopold Poetsch. Er saß auch im Gemeinderat der Stadt als Vertreter der Deutsch-Nationalen. So wie heute ein Lehrer im Schuldienst der Bundesrepublik nicht gegen die freiheitliche Grundordnung verstoßen und nicht etwa den Umsturz der Gesellschaft fordern darf, ohne ein Disziplinarverfahren zu gewärtigen, so hätte jener Pädagoge damals seine Schüler nicht mit Viren antihabsburgischer Gesinnung infizieren dürfen. Die Monarchie war aber zum Ende des Jahrhunderts und danach so liberal – im Gegensatz zu den vorangegangenen Jahrzehnten –, daß keiner an der geistigen Unterminierung Anstoß nahm. Hitler jedenfalls schreibt im Rückblick mit aller Deutlichkeit: „Wer konnte unter einem solchen Lehrer deutsche Geschichte studieren, ohne zum Feind des Staates zu werden, der durch sein Herrscherhaus in so unheilvoller Weise die Schicksale der Nation beeinflußte."
Vom Ende her vom Unheil zu sprechen, ist immer leicht. Lange Zeit hatte aber das Haus Habsburg auf höchst erfolgreiche Weise Besitztum an Besitztum gereiht, es war eine der erfolgreichsten Dynastien der europäischen Geschichte. Demgegenüber spricht aus den Zeilen eine radikale Absage an das *Wesen* des südosteuropäischen Staates. Hitler wurde früh gegen das übernationale Prinzip, gegen das Völkergemisch unter der Habsburger-Krone aufgeputscht. Anders als bei seiner antisemitischen Grundeinstellung, die wohl erst im Dunstkreise Wiens Nahrung gefunden haben dürfte, scheint die nationalistisch-alldeutsche Empfänglichkeit schon von Linz her zu datieren (obwohl natürlich die All-

Josef Lanz, mit Schriftstellernamen Jörg Lanz von Liebenfels. In seinen wütend antisemitischen, wirren Schriften (Titel des Hauptwerkes: „Theozoologie oder die Kunde von den Sodoms-Äfflingen und dem Götter-Elektron") entwarf er Konzepte der Versklavung von „Minderrassigen", wie sie später in der nationalsozialistischen „Herrenmenschen"-Ideologie wiederkehrten.

Adolf Hitler (siehe Kreis) am 2. August 1914 bei der Kundgebung auf dem Münchner Odeonsplatz anläßlich der deutschen Mobilmachung. „Mir selber kamen die damaligen Stunden wie eine Erlösung aus den ärgerlichen Empfindungen der Jugend vor", schrieb er in „Mein Kampf", „ich schäme mich auch heute nicht, es zu sagen, daß ich, überwältigt von stürmischer Begeisterung, in die Knie gesunken war und dem Himmel aus übervollem Herzen dankte."

deutschen *auch* judenfeindlich waren und vom Lehrer Poetsch sicher auch in dieser Zielrichtung spitze Bemerkungen unter die Schülerschar verteilt worden sind).
Die frühzeitige Indoktrination in Linz trug dazu bei, daß Hitler ein waches Organ für die nationaldeutschen und antiösterreichischen Hetzreden Georg Ritter von Schönerers bekam. Ein Nachklang ist in einem Brief des Kriegsfreiwilligen enthalten. 1915 schrieb Hitler aus Flandern, er hoffe, die Heimat nach dem Krieg „von der Fremdländerei gereinigter" vorzufinden und „daß auch unser innerer Internationalismus zerbricht". Mit Österreich, fügt er an, „wird die Sach' kommen, wie ich es immer sagte". Zehn Jahre danach heißt es im ersten Band von „Mein Kampf": „Er (Schönerer) hat das zwangsläufige Ende des österreichischen Staates richtiger und klarer erkannt als irgendein anderer. Würde man besonders im (Deutschen) Reiche seine Warnungen vor der Habsburger-Monarchie besser gehört haben, so wäre das Unglück des Weltkrieges Deutschlands gegen ganz Europa nie gekommen." Gerade der Kriegsfreiwillige Hitler in der deutschen Armee ist ein sprechender Beweis für die Einflüsse der genannten Personen auf sein Denken. Seine Abneigung gegen die „Fremdländerei" war so groß, daß er keinesfalls in der habsburgischen Armee dienen wollte. Als der Freund Kubizek einberufen wurde, seine Dienstzeit abzuleisten (etliche Jahre vor dem Krieg), mahnte Hitler ihn: „Auf keinen Fall darfst du dich stellen, Gustl; du bist ein Narr, wenn du dich stellst!"

Er tat es dennoch, unpolitisch denkend, wie er war. Hitler hingegen machte Ernst und entzog sich der Musterung; das heißt, er wurde „stellungsflüchtig“, er tauchte unter. Durch wiederholten Wechsel der Unterkunft versuchte er die Behörden von seiner Spur abzubringen, was tatsächlich zunächst gelang. Im späteren Staate Hitlers wäre kaum möglich gewesen, was in Wien glückte: jahrelang unbehelligt in einer Pension, einem sogenannten „Männerheim“, zu wohnen, ohne daß die Polizei in Abständen einmal Kontrollbesuche unternahm.

Aber nicht jede Nachforschung blieb erfolglos. Im Frühjahr 1913 wurde der stellungsflüchtige Kunstmaler anscheinend doch aufgespürt, oder er witterte Gefahr. Jedenfalls zog er es vor, sich abermals abzusetzen, diesmal gleich weiter weg, nach München. Dort führte er seine bisherige Lebensweise fort, bis der Ausbruch des Krieges ihn aus seinem Müßiggang riß. Einerseits stark deutschbetont, zum anderen mit 25 Jahren noch immer ohne Aussicht auf eine fester begründete Existenz, fühlte er sich befreit, erlöst, gehoben; die Belege dafür sind deutlich. Er meldete sich sofort freiwillig zum Heer. Nicht das Soldatsein als solches hatte er ja abgelehnt, nur das habsburgische. Nun war ihm das bayerisch-deutsche beschieden.

An diesem Punkt können wir uns von ihm trennen, um ihm erst einige Jahre später wieder zu begegnen. Dies ist, als Geschichte Österreichs, nur insoweit *auch* Hitler-Biographie, wie das Verstehen der Zusammenhänge es erforderlich macht. Der Österreicher Hitler muß wenigstens in Umrissen deutlich genug hervortreten, damit die Geschichte des Landes verständlich wird. Ohne den Nationalisten und Großdeutschen Adolf Hitler wäre es wohl 1938 nicht zum „Anschluß“ gekommen, wie die erste Seite des Buches „Mein Kampf“ von 1925 fordert: „Deutschösterreich muß wieder zurück zum großen deutschen Mutterlande.“ Und ohne den fanatischen Antisemiten, der dies 1925 veröffentlicht hatte, hätten die Juden Österreichs nicht im März 1938 mit bangem Herzen dem Jubel zugehört und zugeschaut. *Sie* jubelten nicht. Und sie waren nicht die einzigen, die sich von der Woge nationalistischen Überschwangs nicht mitreißen ließen: Weitsichtige und feinfühlige Frauen und Männer aller Glaubensbekenntnisse und Schichten ahnten das Unheil kommen, das dem berauschenden Glücksmoment der wiedervereinigten Nation folgen würde.

Der Attentäter, dessen Schüsse zwei Menschenleben und eine Ära auslöschten: der serbische Student Gavrilo Princip, zur Tatzeit 18 Jahre alt, was ein Todesurteil gegen ihn ausschloß. Er starb 1918 im Gefängnis an Tuberkulose.

Zwei Kugeln verändern die Welt

Der Anschlag ist oft beschrieben worden. In der bosnischen Landeshauptstadt Sarajevo weilt das österreichische Thronfolgerpaar am 28. Juni 1914 zu Staatsempfängen, wie sie mit jeder Manöverreise nun einmal verbunden sind. Die Stille des heiteren Sonntagvormittags wird von einer Detonation zerrissen. Der Anschlag gilt dem Erzherzog Franz Ferdinand, als er mit seiner Gemahlin zum Rathaus fährt. Doch als die auf ihn geschleuderte Bombe detoniert, ist sein Automobil bereits vorüber. Erst im nachfolgenden Wagen gibt es Verwundete. Der Thronfolger, Neffe des Kaisers (dessen einziger Sohn Rudolf 1889 freiwillig aus dem Leben geschieden war), ist von trotziger Arroganz. Die weiteren Verpflichtungen des Tages abzusagen, erschiene ihm wie Fahnenflucht. Außerdem scheint er an ein vorbestimmtes Schicksal zu glauben. Die letzte habsburgische Kaiserin Zita enthüllte über ein halbes Jahrhundert später, ihm sei ein gewaltsamer Tod prophezeit gewesen, und er habe sich fatalistisch in diesen Spruch ergeben. Wenn *dies* der vorgezeichnete Tag sein sollte – warum dann ausweichen? Mag es so gewesen sein oder nicht: Franz Ferdinand sagt das weitere Besuchsprogramm nicht ab, prophezeit nur seinem Kämmerer „noch a paar Kugerln“ für die folgenden Stunden. Dann geht die Fahrt weiter zum

Das Opfer, Erzherzog Franz Ferdinand von Österreich, auf dem Bahnsteig von Sarajevo am Morgen des 28. Juni 1914 – wenige Stunden vor dem Attentat.

Sitz der Landesregierung von Bosnien. Die Provinz stand seit 1878 unter österreichischer Verwaltung und ist 1908 annektiert worden. Der Gewaltakt hatte Empörung im benachbarten Königreich Serbien hervorgerufen.

Der Erzherzog weiß, wo seine Feinde sitzen: in Belgrad; und daß sie hier in Sarajevo Gesinnungsfreunde haben. Dabei ist er anerkanntermaßen ein Freund der Slawen. Ihm ist klar, daß die nationale Unruhe in den slawischen Bevölkerungsteilen der Monarchie nur überwunden werden kann, wenn auch sie wie die Ungarn völlige Gleichberechtigung erlangen. Seine künftige Herrschaft wird also auf einen Umbau der Monarchie zielen in Richtung eines echten Föderalismus. Paradox nun – und trotzdem logisch –, daß gerade diese Absicht und Aussicht die radikalen Slawen erschreckt. Denn die großserbischen Balkanträume von einer Erlösung aller Slawen unter serbischer Führung verlieren ja an Zugkraft, wenn die slawischen Brüder unter der habsburgischen Herrschaft gar nicht „erlöst" zu werden brauchen. Aus diesem Grunde muß der Erzherzog, der Störenfried der panslawistischen Bestrebungen, die in Petersburg ihr geistiges Zentrum haben, aus dem Wege.

Und das gelingt auf eine fatal zufällige Weise. Eigentlich sollte die Fahrtroute geändert werden, doch ausgerechnet der Chauffeur des wichtigsten Fahrzeuges im Konvoi ist nicht informiert worden. Als man ihn unterwegs aufmerksam macht, daß er im Begriff sei, einen falschen Weg einzuschlagen, will er wenden. Den Moment dieses Zögerns und Stillstandes nutzt der gerade hier sich aufhaltende Verschwörer Gavrilo Princip, ein Gymnasiast, und stürzt mit seiner Browning auf den offenen Wagen zu. Die beiden Schüsse treffen den Thronfolger am Hals und seine Frau in den Leib. Beide überleben den Anschlag nur um Minuten.

Die Reaktion des alten Kaisers auf die Ermordung seines Neffen und Erben war seltsam. Wie er gestorben sei, erkundigte er sich als erstes beim Überbringer der Unglücksnachricht. „Wie ein Soldat, Euer Majestät", antwortete der Bote. „Ich habe es nicht anders erwartet", antwortete der Monarch auf diesen Bescheid, woraufhin er übergangslos fragte: „Und wie waren die Manöver?"

Vielleicht war die scheinbare Kälte der Ausdruck einer erworbenen stoischen Haltung aufgrund so vieler Schicksalsschläge: Selbstmord des Sohnes, Ermordung der Kaiserin Elisabeth („Sissy"), standrechtliche Erschießung des Bruders Maximilian in Mexiko; ein Verwandter war durch Sturz vom Pferd ums Leben gekommen, ein zweiter im Atlantik ertrunken, ein dritter beim Entladen seines Gewehrs getötet worden. Maximilians Witwe endete in Umnachtung. So viel Heimsuchung erinnert an das Atriden-Geschlecht der griechischen Mythologie.

Die jetzige Balkankrise reihte sich in die früheren Krisen ein, das hochgestellte Opfer verschaffte ihr jedoch einen höheren Grad von Gefährlichkeit. Österreich mußte dringend versuchen, an die Verschwörerzentrale, an die Hintermänner in Belgrad, heranzukommen. Das war um so schwieriger, als Rußland sowohl aus gesamtslawischem Beschützerwillen wie auch wegen seiner konkurrierenden Balkanpolitik kein Interesse daran hatte, daß Serbien geschwächt würde. Während Rußland mit England und Frankreich in einer lockeren Allianz, der Triple-Entente (Dreibund), zusammenstand, befand sich im österreichischen Lager nur Deutschland als sicherer Partner. Italien, nominell der Dritte im Bunde, hatte den Bündnisfall an den Vorbehalt geknüpft, daß seine Verpflichtungen im Ernstfall sich nicht gegen England richten dürften. Damit war der ganze Vertrag im Grunde nichts wert. Genausogut könnte man einem Pianisten auferlegen, die schwarzen Tasten auszulassen. Daß darüber hinaus seit 1902 ein geheimes Neutralitätsabkommen zwischen Italien

Der deutsche Kaiser Wilhelm II. und Kaiser Franz Joseph I. von Österreich. Weder das Herrscherhaus der Hohenzollern noch das der Habsburger sollten den Weltkrieg, den die Geschichte den „Ersten" nennt, überdauern.

und Frankreich bestand, war zwar in Wien und Berlin unbekannt, doch hätte die Kenntnis niemanden überrascht. Eher zählte die Türkei auf der Seite der „Mittelmächte" als Parteigänger – ein Land freilich, dessen Beiname „Der kranke Mann am Bosporus" nicht gerade auf militärische Stärke schließen ließ.

Gerade deshalb hätte die Reichsregierung jetzt äußerst behutsam handeln müssen. Demgegenüber erweisen aber die Akten der Julikrise 1914 alles andere als diplomatische Zurückhaltung in Berlin, vielmehr eine Bestärkung Österreichs, eine Ermunterung zu scharfem Vorgehen – mit völliger Rückendeckung. Hatten die vergangenen Jahre gezeigt, daß die deutsche Politik nicht kriegstreiberisch nach irgendeiner Richtung hin gewesen war, so schien sie es nun geradezu darauf anzulegen, daß die zwei Kugeln von Sarajevo die Welt verändern sollten.

Kaiser Wilhelm schrieb am 2. Juli an den Rand eines Briefes, den er vom deutschen Botschafter in Wien empfangen hatte: „Mit den Serben muß aufgeräumt werden. Jetzt oder nie!" Drei Tage später meldete der österreichische Botschafter in Berlin, Graf Szögyény, seiner Regierung, der deutsche Kaiser habe ihm für den Fall kriegerischer Verwicklungen zwischen Österreich-Ungarn und Rußland zugesichert, „daß Deutschland in gewohnter Bundestreue an unserer Seite stehen werde". Einen Tag danach konnte Graf Szögyény die freudige Nachricht übermitteln, daß die deutsche Seite Wien beim Vorgehen gegen Serbien völlig freie Hand lasse. Der Blankoscheck hat Denkmalswert in der Geschichte der Diplomatie. Selten ist wohl ein Partner so vorbehaltlos unterstützt worden. Szögyény: Die Reichsregierung in Berlin stehe auf dem Standpunkt, „daß wir beurteilen müßten, was zu geschehen hätte . . ., wir könnten hierbei – wie auch immer unsere Entscheidung ausfallen möge – mit Sicherheit darauf rechnen, daß Deutschland als Bundesgenosse und

Säbel rasseln für den Sieg – so dachte wohl jeder dieser österreichischen Offiziere bei ihrer Vereidigung in Wiener Neustadt. Am Ende aber war alles Kämpfen und waren alle Opfer vergeblich gewesen.

Freund der Monarchie hinter ihr stehe". Deutlicher geht es nicht, weittragender auch nicht.

Waren denn die Verantwortlichen in Berlin mit Blindheit geschlagen, daß sie nicht sahen, wie hieraus fast unweigerlich ein Zusammenprall erst auf dem Balkan und dann eine Kettenreaktion von Verpflichtungen zum Beistand, also von Kriegserklärungen, hervorgehen mußte? Sie waren keineswegs ahnungslos, jedenfalls nicht der Reichskanzler und die Militärspitzen. Schon 1909 hatte der deutsche Generalstabschef, der jüngere Moltke, in einem Brief geäußert, das heutige Europa sei so von Bündnissen durchfilzt, daß wohl kaum einer der großen Staaten das Schwert ziehen könne, „ohne daß damit dem ganzen Kontinent die Verpflichtung entsteht, einer über den anderen herzufallen". Der Reichskanzler Theobald von Bethmann Hollweg hatte kurz vor Sarajevo vorausgesagt, daß ein großer Krieg „manche Throne stürzen könnte", und kurz *nach* Sarajevo ergänzt, daß ein Krieg, „wie er auch ausgeht, eine Umwälzung alles Bestehenden" nach sich ziehen werde.

Wenn es also so stand: warum dann, um alles, diese Nibelungentreue, diese fast selbstmörderische Beistandsbeflissenheit? Weil der deutsche Generalstab von der Angst gepeinigt wurde, daß die gegnerische Allianz zusammen stärker aufrüstete als die Mittelmächte und daher in einigen Jahren das Kräftegleichgewicht (das jetzt noch vorausgesetzt wurde – bei strategischen Vorteilen für Deutschland) nicht mehr gegeben sein werde. Aus diesem Grunde hatte Moltke schon im Frühjahr 1914 die Meinung verfochten, man müsse jede Gelegenheit zum Kriege ergreifen, „um den Gegner zu schlagen, solange wir den Kampf noch einigermaßen bestehen könnten“. (Daß die Friedenszeit zu Ende gehe, wurde ohnehin erwartet.)

Moralisch gedacht war das nicht; es war das Denken reiner militärischer Zweckmäßigkeit. Und nur aus diesem Grunde hat Deutschland in der Julikrise so schuldhaft gehandelt und Österreich ermuntert, eine harte Haltung gegenüber Serbien zu zeigen. Man ließ keinen Zweifel, „daß ein sofortiges Einschreiten gegen Serbien als radikalste und beste Lösung“ betrachtet werde.

Die Österreicher, den großen Bruder im Rücken, ließen sich nicht nötigen. Die diplomatische Note an Serbien wurde so hart in der Sache formuliert, daß von vornherein eine Ablehnung wahrscheinlich erschien. Welches souveräne Land will schon dulden, daß Beamte einer fremden Regierung auf eigenem Territorium Attentäter suchen und – noch schlimmer – daran mitwirken sollen, daß künftige Verschwörungen der soeben erlebten Art unterbleiben. Dem Verlangen nachzugeben, käme einer Selbstaufgabe gleich. Daher antwortete die serbische Regierung auf die Note auch nur vage und auslegungsfähig, zwar verbindlich im Tonfall, aber in der Sache unbefriedigend.

Am 28. Juli erklärt Österreich-Ungarn dem Königreich Serbien den Krieg. Augenblicklich setzt damit der Mechanismus der europäischen Mobilmachungen ein. Alle Generalstäbe haben genaue Zeitpläne in den Panzerschränken, um so schnell wie möglich die günstigste Ausgangs- und Aufmarschposition zu gewinnen. Als daher die Staatsmänner nun, wo es ernst wird, doch noch erschreckt vor ihrer eigenen Courage gegensteuern, wirken sie reichlich hilflos – wie der Zauberlehrling in Goethes Gedicht. Das militärische Uhrwerk hat mit unerbittlicher Präzision eingesetzt und verhöhnt solche letzten Versuche. Gerade Deutschland ist äußerst abhängig davon, den vorausgeplanten operativen Starttermin nicht zu verpassen. Die Offensiv-Strategie des Schlieffen-Plans sieht ja vor, zuerst Frankreich niederzuwerfen, um sich danach gegen Rußland zu wenden, wo ein schwerfälliger und langsamer Aufmarsch erwartet wird (übrigens eine schlimme Täuschung!).

Jedenfalls sind die letzten Julitage 1914 von dem Voranschreiten eines fast selbsttätigen Verhängnisses gekennzeichnet. Am 3. August stehen alle europäischen Großmächte im Krieg, Italien ausgenommen. Die Kugeln von Sarajevo haben Millionenheere auf die Beine gebracht. Tief

Adolf Hitler (rechts, mit Hund) und zwei Kameraden nach ihrer Auszeichnung mit dem Eisernen Kreuz Zweiter Klasse. Zweifellos hatte sich der Mann, der die Völker in den Zweiten Weltkrieg trieb, im Ersten Weltkrieg als ein tapferer Soldat gezeigt.

verwandelt wird die Welt nach vier Jahren aus dem jetzt einsetzenden Massenkampf und Massensterben hervorgehen. Keines der drei Kaiserreiche wird den Krieg überleben.

Jubelnd ins Unglück

Niemand war schlechter auf den Krieg vorbereitet als Österreich. Franz Ferdinand als Generalinspekteur der Armee hatte ihn am wenigsten gewünscht; er wußte, warum. In Berlin schrieb der Kommentator Arthur Bernstein einen Leitartikel, in welchem er die beteiligten Mächte, vor allem aber die Aussichten der deutschen Seite, ganz knapp und erhellend charakterisierte. (Der Kommentar wurde noch in der Maschine „gesetzt", aber dann nicht mehr gedruckt, weil die patriotischen Leidenschaften über den pessimistischen Gehalt hinweggingen, und wurde erst nach dem Krieg unter einer Staubschicht wiedergefunden – ein prophetisches Denkmal aus Blei.) Über Österreich-Ungarn heißt es in dem Artikel, es sei „militärisch kaum den Serben und Rumänen gewachsen. Wirtschaftlich kann es sich gerade drei bis fünf Jahre selbst durchhungern. Uns kann es nichts geben ..." Nicht nur der kühl abwägende Journalist sah das so. Ganz im gleichen Sinn hatte Reichskanzler von Bethmann Hollweg einige Wochen zuvor einem engen Mitarbeiter anvertraut, was dieser in seinem Tagebuch festhielt: „Österreich immer schwächer und unbeweglicher; die Unterwühlung von Norden und Südosten her sehr weit fortgeschritten. Jedenfalls unfähig, für eine deutsche Sache als unser Verbündeter in den Krieg zu ziehen."

Welche Jubelstimmung aber im Mißverhältnis zu dem traurigen Tatsachenbefund! Der Muskelprotz Deutschland durfte allenfalls noch glauben, es käme erneut zu einem glorreichen Blitzkrieg wie 1866 und 1870/71. Aber die Begeisterung war in Wien um keinen Grad geringer, obwohl jeder dort, der nicht blind war, die Unangemessenheit dieser Hochgefühle, dieses Überschwanges, einsehen mußte. Die Vaterlandsliebe schwemmte eben alle Bedenken hinweg. Der Begriff des Vaterlandes war ja noch ganz heil und unverdorben, das Übelwollen wurde nur jenseits der Grenzen vermutet, die eigenen Staatsautoritäten waren vom Verdacht unredlichen oder auch nur unbedachten Tuns gänzlich frei. Wir müssen nochmals Stefan Zweig anhören (der die ersten Stunden des Krieges 1914 in Wien erlebt hat), weil das Zeitklima so gültig festgehalten ist.

„Der erste Schrecken über den Krieg ... war umgeschlagen in einen plötzlichen Enthusiasmus. Aufzüge formierten sich in den Straßen, plötzlich loderten überall Fahnen, Bänder und Musik, die jungen Rekruten marschierten im Triumph dahin, und ihre Gesicher waren hell ... Wie nie fühlten tausende und hunderttausende Menschen, was sie besser im Frieden hätten fühlen sollen: daß sie zusammengehörten. Eine Stadt von zwei Millionen, ein Land von fast fünfzig Millionen, empfanden in dieser Stunde, daß sie Weltgeschichte, daß sie einen nie wiederkehrenden Augenblick miterlebten und daß jeder aufgerufen war, sein winziges Ich in diese glühende Masse zu schleudern, um sich dort von aller Eigensucht zu läutern. Alle Unterschiede der Stände, der Sprachen, der Klassen, der Religionen waren überflutet für diesen einen Augenblick von dem strömenden Gefühl der Brüderlichkeit. Fremde sprachen sich an auf der Straße, Menschen, die sich jahrelang ausgewichen, schüttelten einander die Hände, überall sah man belebte Gesichter. Jeder einzelne erlebte eine Steigerung seines Ichs, er war nicht mehr der isolierte Mensch von früher, er war eingetan in eine Masse, er war Volk, und seine Person, seine sonst unbeachtete Person hatte einen Sinn bekommen ..."

Freudig gaben alle „die Welt der Sicherheit" hin für das vermeintlich Heroische, für den Wunsch, die heiligen Grenzen zu

Mit der Durchbruchsschlacht von Flitsch und Tolmein am oberen Isonzo gelang den Österreichern und ihren deutschen Verbündeten im Oktober 1917 an der italienischen Front einer der größten Siege des Weltkrieges (rechts: eine italienische Grabenbesatzung läßt sich von Österreichern gefangennehmen). Eine Entscheidung konnte aber auch durch diesen Schlag nicht errungen werden: Längst hatte sich durch das Eingreifen der Amerikaner die Waagschale zuungunsten der Mittelmächte geneigt.

schützen, damals, auf dem Höhepunkt des europäischen Nationalismus; und selbst vor dem Zentrum der Völkergemeinschaft Habsburg machte diese Leidenschaft nicht halt. Freudig entbrannt eilten Millionen auf den Kriegspfad – aber es war der Weg in den Abgrund.
Nach dem ersten schwierigen Winter und wechselhaften Kämpfen gab es zunächst einmal Lichtblicke. Österreichisch-ungarischen und deutschen Verbänden unter Generaloberst von Mackensen gelang der Durchbruch durch die russische Südfront. Fast ganz Galizien und die Bukowina wurden im Frühjahr 1915 zurückgewonnen. Danach wurde, ebenfalls mit deutscher Hilfe und unter demselben Oberbefehlshaber Mackensen (inzwischen Feldmarschall), Serbien erobert. Am 9. Oktober 1915 erstürmten die Angreifer die Hauptstadt. Viele erinnerten sich des Liedes aus ähnlich heroischen, aber insgesamt glücklicheren Tagen:

> Prinz Eugen, der edle Ritter,
> Wollt' dem Kaiser wiedrum kriegen
> Stadt und Festung Belgerad . . .

Der Anlaßstifter zum Völkermorden war bestraft; aber es verhielt sich wie mit den Köpfen der Hydra: Für einen abgeschlagenen wuchsen zwei neue nach. Aus der serbischen Front wurden zwei italienische Fronten. Lange hatten beide Allianzgruppen mit Versprechungen um das zögernd-unentschlossene Italien geworben. Österreich bot sogar die italienischsprachigen Teile Südtirols an, wenn das Königreich neutral bliebe; die Westalliierten lockten für die Kriegsteilnahme mit dem *ganzen* Südtirol, also auch mit den mehrheitlich deutschstämmigen Bezirken. Das war ein unredliches Werbeverfahren, aber wirksam. Am 23. Mai 1915 erklärte Italien den Krieg gegen Österreich-Ungarn und stand bald auch, unvermeidlich, gegen Deutschland im Krieg.
Von da an bildeten sich zwei Verteidigungslinien auf österreichischer Seite gegen das siegbegierige, aber angriffsschwache Nachbarland im Süden: eine im Hochgebirge und eine westlich Triest.
Die Dolomitenkämpfe waren eher alpinistische Bravourtaten ohne kriegsbeeinflussende Wirkung. Geschützstellungen im ewigen Eis, Überfälle auf Felshöhlen, Nachschub über Saumpfade, Stollen-Vortriebe zur Unterminierung gegnerischer Stellungen, Dynamitladungen, die ganze Berggipfel veränderten, Kampf ebenso gegen härteste Witterungsbedingungen wie gegen den uniformierten Feind: so sah der Bergkrieg in drei- und viertausend Metern Höhe aus. Heroische Millimeterarbeit, im Gesamtmaßstab nutzlos und unbedeutend.
Statt dessen rannten die Italiener in elf Offensiven gegen die nordadriatische Isonzo-Front der Österreicher an und schafften nicht den ersehnten Durchbruch.
Im Osten allerdings rollte im Juni 1916 die Dampfwalze der russischen Brussilow-Offensive in die österreich-ungarische Front hinein und walzte alles nieder. Ein Chaos entstand. Erste Auflösungserscheinungen in der Truppe ließen erkennen, daß die Kampfkraft der Monarchie an die Grenzen der Belastbarkeit gelangt war.

Ende mit Schrecken

In Wien herrschte bereits Hungersnot. Der letzte Kammerdiener des Kaisers Franz Joseph gibt in seinen Erinnerungen atmosphärisch gute Einblicke. Er erzählt, wie der Greis hinters Licht geführt wurde und wie eine zufällige Gelegenheit ihm, Eugen Ketterl, ermöglichte, den alten Herrn ins Bild zu setzen. „Das Volk demonstriert, weil Hungersnot ist. Es gibt keine Milch mehr, kein Mehl, keine Kartoffeln, keine Kohlen . . . der Hunger herrscht in Wien!"
Über der beginnenden Agonie seines Reiches starb der alte Kaiser. Militärisch glückten noch einmal, allerdings nur mit dem Löwenanteil deutscher Unterstützung und Führung, an mehreren Fronten

Durchbrüche und Siege. Rumänien wurde für seine vorwitzige Kriegserklärung böse bestraft und im Dezember 1916 erobert. In der zwölften Isonzo-Schlacht erlitten die Italiener im Oktober/November 1917 durch eine deutsch-österreichische Offensive ein Fiasko, das beinahe zum militärischen Zusammenbruch des Landes geführt hätte. Für den allerletzten Stoß fehlten dann die Kräfte.

Der Rest ist schnell erzählt. An der Adria und auf dem Balkan verzehrten sich die Kräfte des Doppeladlers. Die Bemühungen des letzten österreichischen Kaisers Karl I. um einen Sonderfrieden mit der Entente wurden (durch Indiskretion auf alliierter Seite) bekannt und empörten den deutschen Bündnispartner. Karl I. sah sich zu einem demütigenden Gang ins deutsche Hauptquartier genötigt und gelobte Durchhaltewillen. Der „Umfall" wiederum raubte ihm im Westen das Prestige, so daß die Alliierten endgültig entschlossen waren, die Habsburger Monarchie aufzulösen, sobald der Sieg errungen sei.

Das Ende kam beinahe zeitgleich mit dem Erlahmen der eigenen herkulischen Anstrengungen des Deutschen Reiches. Die Donaumonarchie begann in ihre elf Nationalitäten zu zerfallen. Hinzu kamen Hunger, Kriegsmüdigkeit, Erschöpfung und Hoffnungslosigkeit. Österreichs Zusammenbruch und Kapitulation gingen den Vergleichsvorgängen im Reich um wenige Tage voraus. Eine Million und zweihunderttausend Tote sowie die dreifache Zahl an Verwundeten hatte der Krieg auf Österreichs Seite hinterlassen. Der „brave Soldat Schwejk", diese klassische Erfindung böhmischen Humors, überlebte mit Glück. Er sollte gerade standrechtlich erschossen werden – da brach der Friede aus.

Für immer veränderte er den Südosten Europas. Zu Heil und Segen? Wer Vergleiche zu ziehen Gelegenheit hatte, wird jenem stets etwas verrottet und morsch wirkenden Völkerhause manche Baufälligkeit verziehen und nachträglich zugestanden haben (wenn auch meistens nur im Herzenskämmerlein), daß es sich doch ganz gut darin hatte leben lassen.

Ludwig Reiners spricht in seinem Buch „In Europa gehen die Lichter aus" ein schönes Abschiedswort: „Wer vom Mirabellgarten auf die Feste Hohensalzburg geblickt hat, wer über den Stradone in Ragusa geschlendert ist, wer das Goldmacherhäusl des Prager Hradschin hat leuchten sehen, das Glockenspiel des Wiener ‚Steffl' hat dröhnen hören, wer die trotzige Burg in Budapest bewundert hat, die Moschee in Mostar, das Mickiewicz-Denkmal in Krakau und das Dantedenkmal in Trient: der hat gespürt, daß hier Tradition und Eigennutz, geographische Notwendigkeit und die Spiele des Zufalls zusammengewirkt haben, um einen Bau von höchster Eigenart aufzuführen ..." Auch die kulturelle Vielfalt wurde nun nationalisiert, und ein unverwechselbares Stück Alteuropas war auf immer dahin.

Der deutsche Kaiser Wilhelm II. und Karl I., der letzte Kaiser Österreichs und letzte König Ungarns. Unter dem Nachfolger des im November 1916 verstorbenen Franz Joseph I. wurde die Donaumonarchie Schritt für Schritt zu einem Befehlsempfänger Deutschlands, das sowohl politisch wie militärisch und wirtschaftlich ein großes Übergewicht besaß.

Der verweigerte Anschluß

Rumpf ohne Glieder

Die Ernüchterung konnte nicht größer, der Absturz nicht tiefer sein. Mit den Verselbständigungen der Reichsteile war Österreich vergleichbar in die trostlose Lage eines Schwerstverwundeten versetzt, dem alle vier Gliedmaßen amputiert werden mußten und der nur einen Rumpf mit einem Funken Leben übrigbehielt. Das Staatsgebiet der alten Donaumonarchie schrumpfte bei Kriegsende, von Österreich aus betrachtet, auf den Kernbestand seiner rein deutschsprachigen Landesteile. 1914 hatte der Umfang des Habsburger-Reiches 670000 qkm betragen und war damit so groß wie Frankreich und England zusammengenommen; was nach der Niederlage blieb, waren ganze 84000 qkm, ein Achtel der Staatsfläche von 1914.

Und überdies: Südtirol, etwas kleiner als Schleswig-Holstein, war anfänglich mit hineingedacht worden in das künftige Deutsch-Österreich, mußte dann aber infolge des Friedensvertrages von Saint-Germain-en-Laye an Italien abgetreten werden. Das Restgebiet stand dadurch noch jammervoller zwischen den historischen Staatstrümmern, aus denen ein neues Südosteuropa erwuchs. Österreichs Trostpreis: Ungarn mußte das überwiegend von Deutschen bewohnte Burgenland abtreten.

Von den 6,7 Millionen Deutsch-Österreichern lebten 2 Millionen allein in Wien. Wiens Format war angemessen als politische und kulturelle Mitte von 50 Millionen zwischen Lemberg und Triest, zwischen Karlsbad und Sarajevo, wirkte nun aber vollkommen unproportioniert als ein mächtiges Haupt auf einem winzigen Körper – so, wie Karikaturisten mitunter Politikerköpfe auf riesige Rümpfe setzen.

Die Nöte und Erschwernisse allein der äußeren Umorientierung sind damit längst nicht ausreichend gekennzeichnet. Nehmen wir nur die Wirtschaftslage. Nach verlorenem Kriege ist sie zwar grundsätzlich schlecht; hier kam indes dazu, daß der ökonomische Großraum Habsburg in Produktion und Handel natürliche Schwerpunkte und Arbeitsteilungen entwickelt hatte. Man bekam alles, aber nicht alles von überallher. Deutsch-Österreich, so der Historiker Hellmut Andics, bildete eine Region „ohne abgerundete Volkswirtschaft, eine Bevölkerung in einem Gebirgsland, die ihren Weizen und ihre Milch vorwiegend aus Ungarn, die Schweine aus Kroatien bezogen hatte... deren Kohle aus Mähren und Schlesien und deren Überseegüter via Triest kamen. Vom Bier aus Böhmen erst gar nicht zu reden!"

Wollte man Vergleiche ziehen, so könnte man an den heutigen sowjetischen Satellitengürtel denken. Teils wegen der Lagerstätten von Bodenschätzen, altangesiedelter Industrien, teils aber aus machtpolitischen Gründen, keinen der abhängigen Staaten allein existenzfähig sein zu lassen, hat die Sowjetunion einen dezentralisierten Wirtschaftsgroßraum geschaffen, welcher dem einstigen habsburgischen ähnlich ist. Zur Verdeutlichung eine köstliche Anekdote:

Zwei tschechische Beamte in Prag diskutieren über die Handelsbeziehungen. „Haben Sie schon die Neuigkeit gehört? Die Polen schicken uns Kohle!" – „Das ist ja großartig! Dann brauchen wir in diesem Winter wenigstens nicht zu frieren." – „Ja, nun, wir müssen die Kohlen sofort nach Ungarn schicken. Dafür bekommen wir im Austausch Schinken." – „Das ist ja noch besser. Endlich mal etwas Vernünftiges

Wien nach dem Zusammenbruch im Winter 1918/19: Auf der Ringstraße vor dem Rathaus demonstrieren Menschen aller sozialen Schichten und Altersklassen mit Parolen wie „Es lebe die grossdeutsche Republik!" oder „Grossdeutschland unsere Zukunft!" für den Anschluß Österreichs an Deutschland.

nach den vielen fleischlosen Jahren!" – „Sie verstehen falsch; der Schinken geht nach Rußland. Dafür wird Moskau an uns Traktoren liefern." – „Ist *auch* richtig. Traktoren brauchen wir. Damit kann dann unsere Landwirtschaft im nächsten Jahr genügend Lebensmittel erzeugen." – „O nein, so ist das nicht! Die Traktoren müssen wir nämlich nach Polen weitergeben." – „Und was bekommen wir dafür von Polen?" – „Das habe ich Ihnen doch schon gesagt: Die Polen schicken uns Kohle . . ."

Wenn die kleine Geschichte beiläufig zeigt, daß es den Nachfolgestaaten des einstigen Habsburger-Reiches wahrlich nicht besser ging, sondern schlechter als unter dem Doppeladler von ehedem, so wäre dieser Dialog 1918/19 in Wien nicht möglich gewesen, auch nicht in Abwandlung. Die Ungarn brauchten ihre Milch selber und überließen die Kinder in Wien der bleichen Unterernährung; die Kroaten dachten gar nicht daran, Schweine fernerhin nach Österreich zu verfrachten; die Seepforte Triest war geschlossen, und das Pilsener Bier tranken die Tschechen, Slowaken und Sudetendeutschen allein. Aus der Tschechoslowakei gelangten täglich nur 20 Waggons mit Kohlen nach Wien statt der benötigten 200; den Winter 1918/19 dort können wir uns demnach vorstellen. Darüber hinaus wurde erbärmlich gehungert. Pro Woche erhielt jeder ein Kilogramm Kartoffeln auf Lebensmittelkarten, 20 Gramm Fett. Solche Rationen waren Quartiermacher der Grippe in den geschwächten Körpern. Die Krankheit, in normalen Zeiten ein normales Ärgernis, grassierte jetzt epidemisch und raffte Zehntausende dahin.

Bei unseren Momentaufnahmen von Österreichs Rat- und Orientierungslosigkeit nach dem Zusammenbruch gehört auch dies ins Bild: die Entwurzelung der bisherigen Führungsschicht. Zunächst einmal ist festzuhalten, daß keine homogene, keine „nationale“ deutsch-österreichische Machtelite existiert hatte, sondern eine vermischte Elite aus der Aristokratie von österreichischem, ungarischem und böhmischem Adel – mit einigem Zuzug von weiter her. „Die Monarchie in ihrer Gesamtheit“, schreibt Hellmut Andics, „wurde von keiner Nation beherrscht. Regiert wurde sie von einer aristokratischen Oberschicht, die nur zum geringeren Teil deutscher Herkunft war. Die Verwaltung aber besorgte ein Heer von Beamten aller Nationalitäten, und dieser Verwaltungsapparat stellte die eigentliche österreichisch-ungarische Nation dar – eine Beamtennation als Überbau über den einzelnen Nationen.“

Die übernationale Herrschaftselite war unbedingt kaisertreu gewesen, bildete doch das Staatsoberhaupt ihren einzigen gemeinsamen Nenner und Bezugspunkt. Bis vor kurzem hatte er Franz Joseph I. geheißen, ganz zuletzt noch Karl I. Nun war da nichts mehr, ein historisches Vakuum gähnte. Ihnen allen, Deutschen wie Nichtdeutschen in der Führungsetage, raubte der Umbruch Sinn und Sein. Wie ein ausrangiertes Inventarstück landeten sie auf der Deponie der Geschichte.

Statt dessen drangen Emporkömmlinge zur Macht und mußten sich darin bewähren. Das wäre unter glücklichsten Startvoraussetzungen mühevoll genug gewesen; bei den hier gegebenen war es nahezu unmöglich. Jede unbefangene Voraussicht mußte von äußerster Skepsis sein. Die Neuen auf der Geschichtsbühne taten obendrein nicht wenig, sich die Anfänge selbst zu erschweren, indem sie die alte Herrschaftsschicht radikal entmachteten.

Denken wir einmal zum Vergleich an den Neubeginn in Deutschland. Der Sozialdemokrat Friedrich Ebert war äußerst ungehalten, daß sein Parteifreund Philipp Scheidemann die Republik ausrief und dadurch die Möglichkeit verbaute, die Monarchie als Institution zu retten. Ebert wollte deren Träger mit der neuen demokratischen Ordnung versöhnen und bewahrte daher die alten Strukturen, soweit es ging. Daß dies der Weimarer Demokratie zum Schaden gereichte, sei nicht bestritten, doch lag es mehr daran, daß die Siegermächte einen harten Friedensvertrag diktierten. Von der Denkweise her handelte Ebert nicht grundsätzlich falsch.

Dagegen Österreich: Im umgekehrten Verhältnis zur früheren Anhänglichkeit der Österreicher an ihr Kaiserhaus, des Stolzes auf Habsburgs uralte Traditionen und einstigen Ruhm, taten die neuen Herren am Platz gegenüber den bisherigen Gebietern, als wollten sie die Welt noch einmal erschaffen. Carl Jacob Burckhardt, bekannt geworden als Völkerbunds-Kommissar in Danzig und Rot-Kreuz-Präsident, eröffnete den politischen Part seiner vielfältigen Laufbahn 1918 als junger Attaché der Schweizer Gesandtschaft in Wien, genau zum Zeitpunkt des Zusammenbruchs. In seinen Erinnerungen schreibt er:

„Man schaffte den Adel ab, man forderte die Schlösser an; die vielhundertjährige Dynastie, die das Land zu Macht, Glück und Bedeutung geführt hatte, wurde beraubt und in die Verbannung geschickt. Nicht eine der Rücksichten, die Preußen für die Hohenzollern hatte, wurde den Habsburgern erwiesen, und in der ‚Kaiserstadt‘ rührte sich nichts von sentimentaler Loyalität. Man war grenzenlos terrorisiert durch Krieg, Not und aufstehende Arbeitermassen . . .“

Über die Gründe der Rücksichtslosigkeit mag man spekulieren. Zu ihnen zählt sicher auch, und nicht zuletzt, daß der Abstand zwischen dem herrschenden Adel und allem, was danach auf der sozialen Stufenleiter kam, größer gewesen war als in Deutschland. Eine Art von befriedigtem Ingrimm der Aufsteiger, es „denen“ nun mal zu zeigen, spielte wohl hinein. Darin liegt aber auch nur wieder die halbe Wahrheit; denn dieselben Leute trugen ein unbändiges Verlangen, sich in der Lebensart der alten Hierarchie zu sonnen und etwas

von ihrem Glanz zu erhaschen. Das ist ein wiederkehrendes geschichtliches Modell. Nicht zufällig hat sich der Emporkömmling Bonaparte zum Kaiser gekrönt ...
Carl Jacob Burckhardt hierzu: „In Österreich wollte der Untere dem Herrn gleich werden, und der Höchste war der historische Adelige. Man hat den Adel abgeschafft, aber die Abstufung blieb, und das Bedürfnis des Unteren, es dem Oberen gleichzutun oder, wenn dies nicht ging, ihn wenigstens anzuschauen und zu bewundern, bestand weiter. Der sozialistische Staatssekretär wollte den Rang eines k. u. k. Ministers haben. Der Sowjetgesandte reklamierte in aller Form beim Auswärtigen Amt, weil ihm der Titel Exzellenz nicht zuerkannt wurde wie den Vertretern der kapitalistischen Staaten ... Man muß Koryphäen der Universität an einem Diner beim Grafen Lanchoronski und den Staatssekretär Renner im Palais Schönborn, das Erscheinen der Gräfin Sophie Schönborn an einem kleinbürgerlichen Musikabend in Penzing gesehen haben, um den Grad von Wunscherfüllung zu ermessen, den eine solche Situation für all diese Leute bedeutete. Alles, der ganze Reigen der politischen, sozialen, wirtschaftlichen, künstlerischen Betätigung drehte sich letzten Endes doch nur um die Frage der gesellschaftlichen Position, der Geltung."
Von einem so exquisiten Kenner von Welt und Menschen kann man diesen Ausspruch unbesehen übernehmen, aber es ist ein trauriges Wort. Ernüchternd holt es uns aus mancher Situation herab, in der wir hehre Menschheitsziele sehen wollten. Nicht, daß es diese Ziele und ihre Verfechter nicht gäbe. Zum Glück doch – und immer wieder. Aber des anderen haben wir uns auch bewußt zu sein und tun gut daran, das Allzumenschliche als Anteilseigner am Geschichtsgang nie zu übersehen.

„Der Rest ist Österreich"

Wer auch immer jetzt in Wien regierte, er stand vor fast unüberwindlichen Schwierigkeiten. Kann es da verwundern, daß die

Im Spiegelsaal von Versailles, der Stätte von Bismarcks Kaiserproklamation, spricht Clemenceau (links stehend) zum Abschluß des Versailler Friedensvertrages. Im Artikel 8 heißt es: „Deutschland erkennt die Unabhängigkeit Österreichs innerhalb der durch Vertrag zwischen diesem Staate und den alliierten Hauptmächten festzusetzenden Grenzen an und verpflichtet sich, sie unbedingt zu achten ..."

Zukunft nicht im Alleingang gesehen wurde, sondern in Gemeinschaft mit dem stammverwandten Nachbarvolk? Nach Königgrätz hatte Österreich sich ziemlich unbeschwert vom Reich getrennt; es besaß ja sein eigenes großes, räumlich sogar größeres. Man hatte seinen angesehenen Platz in Europa, spielte im Konzert der Mächte zwar nicht die erste Geige, aber ein achtbares, herausklingendes Instrument. Das war nun alles völlig anders geworden. Und so wurde die Stimmung übermächtig, Königgrätz rückgängig zu machen – ohne Ansprüche zu stellen, geschweige denn Vorrechte zu verlangen, nur einfach wieder dabei zu sein, den mühevollen Weg durch die triste Trümmerlandschaft Nachkriegseuropas nicht allein gehen zu müssen. Zusammen mit den Deutschen wären die Fährnisse vielleicht leichter zu meistern. Sie lagen zwar auch am Boden, aber mit 60 Millionen Einwohnern, ihrer Energie, ihrem Lebenswillen war leichter wieder hochzukommen als mit sechs Millionen. Das war der Gedanke, und er leuchtet ein.

Vor diesem Hintergrund sind die Proklamationen zu verstehen, die zuerst die österreichischen Sozialdemokraten und dann die Nationalversammlung hinausgehen ließen, schon unmittelbar zum Kriegsende. Am 31. Oktober 1918, als die alte Ordnung sichtbar in Auflösung begriffen war, ohne daß von Umsturz oder Revolution im radikalen Sinne gesprochen werden konnte, tagte der Parteitag der Sozialdemokraten. Er erließ die Willenserklärung: „Deutsch-Österreich ist, auf sich selbst gestellt, kein wirtschaftlich lebensfähiges Gebilde. Wollen sich die anderen Nationen von Deutsch-Österreich vollständig trennen ... dann muß die deutsch-österreichische Republik als ein selbständiger Bundesstaat dem Deutschen Reich beitreten."

Am 12. November, nachdem Kaiser Karl auf jeden Anteil an den Staatsgeschäften verzichtet hatte, ohne regulär abzudanken wie Kaiser Wilhelm, verkündete die Provisorische Nationalversammlung im Herrenhaussaal des Parlaments: „Deutsch-Österreich ist ein Bestandteil der Deutschen Republik." Der führende Sozialdemokrat Karl Renner, der als Chef der Provisorischen Regierung amtierte, begründete den Beschluß am nächsten Tag mit den Worten: „Unser großes Volk ist in Not und Unglück; das Volk, dessen Stolz es immer war, das Volk der Dichter und Denker zu heißen, unser deutsches Volk des Humanismus, ist im Unglück tief gebeugt. Aber gerade in dieser Stunde, wo es leicht und bequem und vielleicht auch so verführerisch wäre, seine Rechnung abgesondert zu stellen und vielleicht ... Vorteile zu erhaschen, in dieser Stunde will unser Volk in allen Gauen wissen: Wir sind ein Stamm und eine Schicksalsgemeinschaft!"

Unerwähnt ließ Renner hier die ganz akuten Sorgen, die ein Zusammengehen beider Länder empfehlenswert machten, vor allem für Österreich. Aber er war auch ein „Großdeutscher" vom Herzen her; deshalb wäre es ungerecht, ihm zu unterstellen, er habe die schweren Existenznöte nur mit einer patriotischen Schleife geschmückt.

In Berlin hatte die Bruderpartei SPD genug mit sich selber zu tun. Dennoch überhörte sie nicht die Sympathie- und Freundschaftsbekundungen aus Wien. Sobald das Staatsschiff „Weimar" aus den ersten Untiefen freigekommen war, beantworteten die Steuerleute die aufgefangenen Signale. Der erste Reichskanzler der Republik, Philipp Scheidemann (SPD), rief vor der Nationalversammlung in Weimar aus: „Möge die Zeit nahe sein, da unsere österreichischen Brüder ihren Platz in der großen deutschen Volksgemeinschaft wieder einnehmen werden!" Es war der 6. Februar 1919, der Tag der Eröffnung der Verfassunggebenden Versammlung in der Goethe-Stadt.

Wechselseitig kamen aus beiden Ländern die Bestätigungen des Gemeinschaftswillens. So ging der vaterländische Ballwechsel eine Weile hin und her. Im Augenblick war wieder die Mannschaft Österreich „am

Ball“: Am 2. März 1919 ließ Karl Renner – dessen Sozialdemokraten am 16. Februar durch die ersten Wahlen der Republik in der Führungsrolle, wenn auch knapp, bestätigt worden waren – in der Eröffnungssitzung des neuen Parlaments über die „Anschluß-Frage“ abstimmen; mit dem Ergebnis, daß die überwältigende Mehrheit der Abgeordneten, mit Ausnahme einiger Monarchisten, Österreich als einen „Bestandteil des Deutschen Reiches“ proklamierte.

Nun wieder Deutschland: Am 11. August 1919 unterzeichnete Reichspräsident Friedrich Ebert die Weimarer Reichsverfassung. Darin lautete der Artikel 61 Absatz 2: „Deutschösterreich erhält nach seinem Anschluß an das Deutsche Reich das Recht der Teilnahme am Reichsrat mit der seiner Bevölkerung entsprechenden Stimmenzahl. Bis dahin haben die Vertreter Deutschösterreichs beratende Stimme.“

Der „Anschluß“ ist ein aus der Nazisprache gewohnter Begriff, in Wirklichkeit aber älter und schon in der Weimarer Republik ganz unbefangen benutzt. Er hat sogar Verfassungsrang ... Ähnlich mag es uns mit der „Ostmark“ ergehen. Man scheut sich heutzutage, diese Standardvokabel aus Hitlers Wortschatz zu verwenden; sie ist an Mißbrauch gestorben, stammt aber aus uralten Zeiten, ist tausend Jahre alt.

Das Erbe Habsburgs

Der Anschluß also: beide Seiten wollten ihn, wünschten ihn lebhaft und von Herzen. Die freigewählten demokratischen Gremien ließen keinen Zweifel daran. Aber es war die sprichwörtliche Rechnung ohne den Wirt. Der „Wirt“ saß in Paris und hieß Clemenceau. Leider waren ja die beiderseitigen Absichtserklärungen, sich zusammenschließen zu wollen, keine Sache freien Willens, denn beide Staaten waren besiegt und zur Zeit in höchstem Maße vom Fremdwillen abhängig. Seit dem 18. Januar 1919 tagte die Friedenskonferenz. In giftiger Symbolik war sie am Jahrestag der Kaiserproklamation von 1871 an derselben Stelle, im Spiegelsaal des Königsschlosses von Versailles, eröffnet worden. Die Konferenz stand unter dem beherrschenden Einfluß des französischen Ministerpräsidenten Georges Clemenceau und seines Rachegeistes. Er wollte 1871 ungeschehen machen, Deutschland als Machtfaktor, vor allem als Wirtschaftskonkurrenten schwächen und niederhalten.

Was nun Österreich anbetrifft, so erinnern wir uns an die Absicht der Alliierten – noch im Kriege –, die Habsburgermonarchie aufzulösen. Dessen bedurfte es aber nicht erst. Der französische Historiker Jacques Benoist-Méchin hat recht, wenn er urteilt, die Doppelmonarchie sei gar nicht „zerschlagen worden“, sondern „buchstäblich auseinandergeflogen“: „Die zentrifugalen Kräfte, die seit Beginn des Jahrhunderts insgeheim am Werke waren, traten nun voll ans Licht der Öffentlichkeit.“

So proklamierten die Tschechen eine eigene Republik, in der sie sich selbstbewußt als das Staatsvolk betrachteten, obwohl alle Minderheiten zusammen – Sudetendeutsche (28 Prozent), Slowaken (13 Prozent), Ungarn (8 Prozent), Ukrainer, Polen, Juden (5 Prozent) – vierundfünfzig Prozent der Bevölkerung ausmachten. Die Serben verfuhren ähnlich, indem sie die habsburgischen Waisenkinder Kroaten und Slowenen als Juniorpartner in ihr weit vergrößertes Königreich hineinnahmen beziehungsweise hineinzwangen, natürlich mit serbischem Führungsanspruch. Die Minderheitenprobleme der Donaumonarchie lebten auf diese Weise fort, nur unter anderen Staatsnamen und anderen heraldischen Symbolen. Polen verleibte sich Galizien ein, in militärischer Auseinandersetzung mit der noch instabilen Sowjetunion.

Die frühere Monarchie Österreich-Ungarn war schon in viele Bestandteile zerfallen, als die Alliierten in den Pariser Vororten über Europas Zukunft befanden (und über

Kriegsfolgeprobleme in anderen Weltteilen). In Saint-Germain-en-Laye ging es speziell um das Habsburg-Erbe. Es ist bezeichnend für den Geist der Friedenskonferenz(en), daß die Tschechoslowakei zu den Alliierten und somit zu den Siegern gezählt wurde, ein Staat, den es vorher nicht gegeben hatte und der infolgedessen auch nicht hatte „siegen“ oder mitsiegen können. Das verspätet in den Krieg eingetretene und von den Mittelmächten geschlagene Rumänien wurde jetzt zu einem prallrunden Staat gemästet, gewann vor allem Siebenbürgen und Teile des Banat von seiten Ungarns. Österreich wiederum verlor Südtirol an Italien, mitsamt einer Viertelmillion deutschstämmiger Einwohner.
Hiermit lösten die Westalliierten ihr Versprechen ein, mit dem sie Italien 1915 an ihre Seite gelockt hatten. Nun standen wir aber nicht mehr im Jahre 1915, sondern schrieben 1919. Im Jahr zuvor hatte der amerikanische Präsident Wilson seine hochgemuten Vierzehn Punkte verkündet, worin Punkt 9 lautete: „Bereinigung der italienischen Grenzen entsprechend klar erkennbaren Nationalitätsgrenzen“. Davon konnte keine Rede mehr sein. Hier wurde ohne Befragen der Bevölkerung (deren Antwort eindeutig gewesen wäre) ein handfestes neues Minderheitenproblem geschaffen, eine Irredenta nach allen Regeln der Kunst. Der Ausdruck stammt von den Italienern selber und meinte ursprünglich die „Unerlösten“ dieses Volkes, welche unter dem Dache Habsburgs leben mußten. Lebten sie auch nicht ganz schlecht, so war ihr Begehren, sich mit ihrem Volk zu vereinigen, legitim gewesen. Was man aber jetzt tat, ging weit darüber hinaus und fügte den Deutsch-Österreichern im Umkehrverfahren das zu, was man selber seit einem halben Jahrhundert beseitigt sehen wollte. Nun gab es – und gibt es bis heute – eine österreichische Irredenta in Italien. Und Italien versuchte seit 1919 *mehr* zu romanisieren, als Habsburg je zu *germanisieren* versucht hatte.
Der englische Diplomat Harold Nicolson, Konferenzteilnehmer in Versailles und Saint-Germain-en-Laye, fragte in seinem Buch „Friedensmacher 1919“, wie der amerikanische Präsident dazu habe gelangen können, seine eigenen Grundsätze in einer so fatalen Weise preiszugeben, und antwortete: „Ich ziehe die einfache Deutung vor, daß Woodrow Wilson sich damals völlig im unklaren darüber war, was sein Zugeständnis in Wahrheit bedeutete. Er hat nachträglich ... eingestanden, daß seine Kapitulation in diesem Punkte nur die Folge ‚ungenügenden Studiums‘ gewesen sei.“
Nicolson und andere Beobachter der Konferenz waren überdies der übereinstimmenden Meinung, daß Wilson, der vom Gewicht seines Landes her hätte tonangebend sein müssen, von den Staatsmännern der verbündeten Mächte Frankreich und England, Clemenceau und Lloyd George, intellektuell und politisch glatt ausgespielt wurde, ihnen einfach nicht gewachsen war. Jedenfalls: Vom einstmals stolzen Kaiserreich an der Donau blieb nur ein trauriger Kern zurück, gleichsam der abgenagte

„Woodrow Wilson, wo sind deine vierzehn Punkte?“ – „Keine Aufregung, oh Lord, deine zehn Gebote haben wir ja auch nicht gehalten.“

Karikatur aus dem „Simplicissimus“, Juni 1919: „Woodrow Wilson, wo sind deine vierzehn Punkte?“ – „Keine Aufregung, oh Lord, deine zehn Gebote haben wir ja auch nicht gehalten.“ Daß das Selbstbestimmungsrecht der Völker nicht für die Deutschen gelten durfte, war im historischen Rückblick gesehen der größte „Geburtsfehler“ der Friedensordnung von Versailles.

Rest einer schönen Frucht. Nachdem alle nichtdeutschen Teile sich von selber aus dem Völkerverbund gelöst und die Alliierten noch einen Teil der deutschsprachigen Gebiete anderen Staaten zugeschlagen hatten (Sudeten, Südtirol vor allem), sprach der Ministerpräsident Clemenceau das bezeichnende Nachwort: „Der Rest ist Österreich."
Und als ob die Sieger es nun geradezu darauf anlegten, den „Rest" lebensunfähig zu machen, verboten sie ihm – und umgekehrt den Deutschen – den Anschluß. Der offizielle Name der österreichischen Republik, „Deutsch-Österreich", wurde untersagt zugunsten der Staatsformel „Republik Österreich", und im Artikel 88 des Vertrages von Saint-Germain-en-Laye wurde festgelegt: „Die Unabhängigkeit Österreichs ist unabänderlich . . ."
Entsprechendes bekam Deutschland im Artikel 80 der Versailler Bedingungen zudiktiert: „Deutschland anerkennt die Unabhängigkeit Österreichs . . ." Dadurch wurde der Artikel 61 Absatz 2 der Verfassung (der „Anschluß"-Artikel) unausführbar; die Reichsregierung mußte sogar eigens in einem Protokoll anerkennen, daß er wegen des Widerspruchs zum Versailler Vertrag „ungültig" sei.
Es nützte dem Leiter der österreichischen Friedensdelegation, Karl Renner, nichts, daß er flammende Proteste gegen die Behandlung seines Landes erhob. „Es wird so rasch wie möglich den Führern der Entente klargemacht werden", erklärte er, „daß sie, wenn sie Deutsch-Österreich zur Unterfertigung dieses Friedensvertrages zwingen, ihren Triumph gefährden, indem sie eine Leiche auf ihren Triumphwagen laden." Die Alliierten zeigten sich unbeeindruckt, denn sie waren mit Blindheit geschlagen. Indem die Sieger zu Unrecht die Kriegsschuld allein den Mittelmächten anlasteten, wurden aufgrund dieser These Verhältnisse aufgezwungen, die für jeden Einsichtigen – und solche gab es auch im Westen – nicht dauerhaft sein konnten.

„Der Rest ist Österreich" – am 11. September 1919 unterschrieb Karl Renner das Friedensdiktat von Saint-Germain-en-Laye, das Österreich auf den Sechseinhalb-Millionen-Kleinstaat zwischen Bodensee und Neusiedler See einengte. Im Artikel 10 heißt es: „Die Unabhängigkeit Österreichs ist unabänderlich, es sei denn, daß der Rat des Völkerbundes einer Abänderung zustimmt . . ."

Unzufriedenheit war das Grundmerkmal im nachhabsburgischen Völkerraum; zu unbekümmert waren die Staats- und Volkstumsgrenzen zugeschnitten worden. Es war, als habe ein Bildhauer für die Arbeit an seiner Holzplastik nicht das Messer benutzt, sondern die Axt.
Unter einmütigem Protest der österreichischen Nationalversammlung wurde am 10. September 1919 der Friedensvertrag unterzeichnet. Der Zufall wollte, daß zwei Tage später der 30jährige Gefreite Adolf Hitler eine Versammlung der „Deutschen Arbeiter-Partei" (DAP) in München besuchte. In Diensten der Reichswehr hatte er, der schon als hervorragender Redner erkannt war, die Aufgabe, das Münchner Vereinsleben zu beobachten und seinem Vorgesetzten, Hauptmann Mayr, darüber zu berichten. An jenem Abend also begab er sich zu einer Zusammenkunft der DAP, hörte einen Vortrag und blieb noch während der anschließenden Diskussion im Vereinslokal. Ein Debattenredner schlug vor, Bayern solle sich mit Österreich ver-

Namenloses Elend nach vier Jahren Krieg: Sieben Achtel seines Territoriums waren Österreich verlorengegangen, und damit auch die meisten seiner Rohstoffquellen. Wegen des Brennstoffmangels fuhren die Züge nur sehr unregelmäßig; Fensterscheiben in den Waggons waren eine Seltenheit.

einigen – unter Loslösung vom Deutschen Reich. Der aufgebrachte Zuhörer Adolf Hitler griff in die Diskussion ein und verteidigte leidenschaftlich den großdeutschen Standpunkt, „mit dem Erfolg, daß der Herr Vorredner wie ein begossener Pudel das Lokal verließ".
Der Parteivorsitzende Drexler lauschte äußerst interessiert dem vehementen Ausbruch des Unbekannten und sagte leise zu seinem Nebenmann: „Mensch, der hat a Gosch'n, den kunnt ma braucha!" Das war der Beginn von Hitlers Karriere.

Krisenjahre

Viele Ereignisse und Augenblicke werden voreilig für „historisch" erklärt und ebenso schnell vergessen. Aber es gibt auch solche, bei denen jeder im Moment des Erlebens weiß: Hier nehme ich an einer denkwürdigen Begebenheit teil; hier wird ein Blatt im Buch der Geschichte hörbar umgewendet. Als Stefan Zweig am 24. März 1919 – es war noch *vor* dem Friedensvertrag – aus der Schweiz nach Österreich zurückkehrte, um in dieser dunklen Zeit die Geschicke seines Landes zu teilen anstelle der eidgenössischen Bequemlichkeiten, da überquerte er die Grenze bei Feldkirch genau zu der Stunde, als aus der Gegenrichtung ein Salonzug heranrollte. Unter den Zollbeamten machte sich merkwürdige Unruhe breit.
„Da erkannte ich hinter der Spiegelscheibe des Wagens hoch aufgerichtet Kaiser Karl I., den letzten Kaiser von Österreich, und seine schwarzgekleidete Gemahlin, Kaiserin Zita. Ich schrak zusammen: der

letzte Kaiser von Österreich, der Erbe der habsburgischen Dynastie, die siebenhundert Jahre das Land regiert, verließ sein Reich! ...
Nun stand der hohe ernste Mann am Fenster und sah zum letztenmal die Berge, die Häuser, die Menschen seines Landes. Es war ein historischer Augenblick, den ich erlebte – und doppelt erschütternd für einen, der in der Tradition des Kaiserreichs aufgewachsen war ... Die ruhmreiche Reihe der Habsburger, die von Jahrhundert zu Jahrhundert sich Reichsapfel und Krone von Hand zu Hand gereicht, sie war zu Ende in dieser Minute. Alle um uns spürten Geschichte, Weltgeschichte in dem tragischen Anblick ... Die Lokomotive zog mit einem starken Ruck an, als müßte auch sie sich Gewalt antun; langsam entfernte sich der Zug ... In diesem Augenblick war die fast tausendjährige Monarchie erst wirklich zu Ende. Ich wußte, es war ein anderes Österreich, eine andere Welt, in die ich zurückkehrte."

Die Verhältnisse waren trostlos. Aus hohlwangigen Gesichtern starrte der Hunger. Lange Menschenschlangen schoben sich an leeren Schaufenstern vorbei, um kärgliche Markenrationen einzulösen, solange der Vorrat reichte. Überfüllte Züge fuhren mit endlosen Verspätungen, besetzt vorwiegend mit Städtern, die auf dem Lande Lebensmittel zu erstehen suchten. Da aber die Währung, die Krone, nicht mehr von ausreichenden Gegenwerten gedeckt war, daher in ihrem Kurs rapide gesunken, wollten die Bauern ihre Kartoffeln, Butter, Brot und Milch nicht gegen solch armseliges Äquivalent abgeben. Nur Sachwerte wurden akzeptiert. Die Zivilisation des 20. Jahrhunderts in der Mitte Europas fiel in die archaischen Formen des Tauschhandels zurück. So schleppten die Städter Markenporzellan, Silber, Schmuck und kostbare Teppiche auf die Bauernhöfe, um Eßbares zu erwerben. Betrat man damals eine Bauernstube, so konnte es geschehen, „einen Rokokobücherschrank mit französischen Lederbänden aufgestellt (zu) finden", berichtet ein Augenzeuge, oder ein indischer Buddha schaute gleichmütig vom Buffet her auf den Fremden.

Die chaotischen Verhältnisse bewirkten außerdem, daß Tugenden bestraft, charakterliche Mängel belohnt wurden. Wer jahrzehntelang gespart, seine Rücklagen überdies häufig in patriotischem Geist als Kriegsanleihen vergeben hatte, stand als Bettler da; wer hohe Schulden gemacht, profitierte händereibend von der Inflation. Am schlimmsten wirkte das Währungsgefälle vom Ausland her auf die Besitzstände. Dollar, Gulden, Pfund Sterling, Schweizer Franken glichen dem Goldenen Kalb des Alten Testaments, das man umtanzte. Mit ihnen war alles zu kaufen oder zu mieten. Berichtet wird, daß englische Arbeitslose (aufgrund ihrer relativ reichlichen staatlichen Unterstützung) nach Österreich fuhren und in den Fürstensuiten der großen Hotels fröhliche Wochen verlebten. Devisenausländer kauften Antiquitätenläden leer, erwarben Paläste, Hotels, Firmen „für Ei und Butterbrot". Kostbare Sammlungen verschiedenster Art wurden billig aufgekauft und verschwanden außer Landes.

Gleichzeitig kehrten aus der gesamten einstigen Monarchie brotlose Beamte zurück, suchten ein Unterkommen im Rumpfstaat der eigenen Volkszugehörigkeit und schwemmten den Behördenapparat zu gedunsener Ungestalt auf. Nur mit rigorosen Entschlackungskuren konnte der „Beamtenstaat" Österreich die monströse Aufblähung überwinden; Notwehr der Regierung, Existenznot für jeden Betroffenen. Von 250 000 Beamten wurden 100 000 entlassen.

Insgesamt: Vieles von diesen unmittelbaren Kriegsfolgen erinnert an ähnliche Erscheinungen in Deutschland nach 1918 und nach dem zweiten Zusammenbruch 1945. Auch da: Perserteppiche in der Bauernstube, überfüllte, oft fensterlose, ungeheizte Züge, Käuferschlangen vor leeren Geschäften, die Flucht in die Sachwerte und

Die junge Republik formiert sich: Aufstellung der am 3. November 1918 gegründeten „Volkswehr", der ersten republikanischen Schutztruppe, in der Roßauer Kaserne in Wien.

die entsprechende Zwei-Klassen-Gesellschaft: Wer nur über Papiergeld verfügte, war arm dran. 1945 wandelten deutsche Witzbolde einen bekannten Nazi-Slogan ab: „Keiner soll hungern, ohne zu frieren." Für die Mehrheit der Österreicher (und der Deutschen) galt er schon eine Generation zuvor.

In der Innenpolitik brachten die Parlamentswahlen im Oktober 1920 eine Wachablösung, worin Ähnlichkeit mit der Entwicklung in Deutschland lag. Ein Rechtsruck fuhr durch die Parteien. Bei Kriegsende hatten die Sozialdemokraten an der Donau und an der Spree zunächst die Führung übernommen, während die bisherigen staatstragenden Kräfte in eine Art von Starrkrampf gefallen waren. Die Linken vor allem nahmen die schwere Bürde auf sich, die Friedensverträge zu verantworten; niemand konnte damit zuhause Lorbeeren gewinnen. Es liegt wohl in der Menschennatur, daß jetzt am lautesten diejenigen Zeter und Mordio schrien, die vor Jahren am begeistertsten den Krieg als Schicksalskampf gepriesen hatten. Jedenfalls löste das geräuschvolle Wiedererwachen der Betäubten eine verbreitete Volksstimmung gegen die Regierenden aus. Es war ja auch billig, auf die trostlose Lage zu verweisen und die Repräsentanten der ersten Stunde als schuldig daran zu denunzieren. Kurzum, die Wahlen von 1920 glichen einem Zurückschwingen des Pendels. In Deutschland verlor die Mitte-Links-Allianz („Weimarer Koalition") mehr als ein Drittel ihrer Sitze, in Österreich gingen die Mandate der Sozialdemokraten (welche keine kommunistische Abspaltung wie im Reich hinnehmen mußten) von 72 auf 62 zurück. Umgekehrt gewannen die Christlich-Sozialen 18 Nationalratsitze dazu (von

61 auf 79). Diese Rechtspartei mit ihrem bäuerlichen Wähler-Reservoir bildete fortan zusammen mit der Großdeutschen Volkspartei, ihrem Juniorpartner, die Regierung und verwies Österreichs Sozialisten in die Opposition.
Dieses Bündnis begann festeren Grund unter sich zu spüren, nachdem es dem Bundeskanzler Ignaz Seipel, einem katholischen Geistlichen und Theologieprofessor, 1922 gelungen war, mit Hilfe einer Völkerbundanleihe die Währung zu stabilisieren. Die Gegenleistung für die Auslandshilfe war das Versprechen, die staatliche Unabhängigkeit zu gewährleisten. Jedermann wußte, daß diese Zusage gegen die Volksstimmung gegeben werden mußte. Im Vorjahr 1921 hatten sich bei Abstimmungen 98,8 Prozent der Tiroler und 99,3 Prozent der Salzburger für den Anschluß ausgesprochen!

Das innenpolitische Klima blieb trotz langsamer Kräftigung der Republik unruhig. Davon zeugt schon das Revolver-Attentat auf den Regierungschef im Juni 1924 von seiten eines sozialistischen Einzelgängers. Seipel, Bundeskanzler seit 1922, erholte sich und stand, obwohl außerdem schwer zukkerkrank, vom Oktober 1926 bis zum April 1929 nochmals an der Spitze der Regierung. Noch mehr reizten Vorgänge im Juli 1927 die weltanschaulichen Gruppen gegeneinander auf. Angehörige einer Frontkämpfer-Vereinigung hatten im Januar des Jahres Mitglieder des Republikanischen Schutzbundes (der Sozialisten) von einem Wirtshaus aus beschossen; es hatte zwei Tote gegeben. Im anschließenden Prozeß wurden die Täter freigesprochen. Die sozialistische Empörung machte sich in Demonstrationen Luft; in deren Verlauf wurde der Wiener Justizpalast niedergebrannt.

Das Trümmerfeld des zerstörten Wiener Justizpalastes war symbolisch für das innenpolitische Chaos in Österreich nach dem 15. Juli 1927. Der als „Julirevolte“ in die Geschichte eingegangene Arbeiteraufstand hatte freilich nicht nur Sachschäden angerichtet, sondern auch zahlreiche Tote und Verletzte gefordert.

Die Polizei ging hart gegen die Demonstranten vor und erschoß achtzig von ihnen. Eine kleine Episode beleuchtet, daß wir uns mit den Ereignissen und Geschehnissen in einem alten Beamtenstaat beschäftigen. Während das Justizgebäude lichterloh brennt, ist der junge Schriftsteller Elias Canetti (der alte wird 1981 den Nobelpreis empfangen) zufällig Zeuge; alles, was mit „Masse" zusammenhängt, fasziniert ihn, ihr rätselhaftes Verhalten beschäftigt ihn lebenslang. Abseits der Masse aber steht ein Mann und schlägt verzweifelt die Hände über dem Kopf zusammen: „Die Akten verbrennen! Die ganzen Akten!" – „Da haben sie doch Leute niedergeschossen, und Sie reden von den Akten!" mischt sich der Beobachter Canetti ein. Der andere sieht ihn verständnislos an und wiederholt jammernd und unbeirrt: „Die Akten verbrennen! Die ganzen Akten!"

Für die parlamentarische Demokratie war es ein schwarzer Tag. Die politischen Lager links und rechts fielen mit bitteren Anklagen übereinander her und entfremdeten sich weit über das bisherige Maß hinaus. Der Zwischenfall von Schattendorf im Burgenland als auslösendes Ereignis warf überdies ein grelles Licht auf die außerparlamentarischen Kräftegruppen, die paramilitärischen Verbände, die zur gleichen Zeit auch in Deutschland aus dem Boden schossen. Die Ursachen für ihr wucherndes Wachstum waren beidemal ähnlich: Viele entlassene Soldaten fanden sich nach vier Jahren Krieg im Privatleben nicht mehr zurecht und suchten Ersatz für ihre Frontgemeinschaft. Die Armee, durch die Friedensverträge auf eine Rumpftruppe verringert, bot den meisten kein Unterkommen. Andererseits: An den Grenzen versuchten die neuen Nachbarstaaten, durch-

Unmittelbar nach dem Ersten Weltkrieg wurden in Österreich – aus Frontkämpfervereinigungen, Kameradschaftsverbänden und Bürgerwehren auf privater Basis, aber mit behördlicher Genehmigung – bewaffnete Selbstschutzverbände gegründet, die sogenannten „Heimwehren". Gefördert von Christlichsozialen, „Großdeutschen" und Industriekreisen entwickelten sie sich bald zur Gegenorganisation des bürgerlichen Lagers gegen die bewaffneten Organisationen der Arbeiterschaft und gewannen nach der „Julirevolte" 1927 mehr und mehr an Einfluß.

mischte Regionen mit Hilfe von Freischärlern zu annektieren, woraufhin nun umgekehrt Freikorps in Österreich und Deutschland in die bedrohten Grenzbezirke eilten, um die Heimat zu schützen. Sie boten auch vielen, die normalerweise mit achtzehn Jahren eine militärische Dienstzeit (oder Laufbahn) begonnen hätten, ein willkommenes Auffangnetz für ihren Betätigungsdrang, der unter der verbreiteten Arbeitslosigkeit litt. Auch der Lebensunterhalt war in den halbmilitärischen Gemeinschaften leichter zu sichern als in öffentlichen Großküchen und Wohlfahrtsämtern.

Österreichs Parteienspektrum spiegelte sich in den zwanziger Jahren in solchen uniformierten Selbstschutzverbänden. Während auf der politischen Linken der Republikanische Schutzbund agierte, entwickelten sich im rechten Lager die „Heimwehren". Sie bildeten eine bürgerliche Gegenbewegung und gewannen zunehmend faschistischen Einschlag. Für sie war Benito Mussolini, der seit 1922 Italien beherrschte, ein Vorbild. Italien seinerseits gewährte den „austrofaschistischen" Gesinnungsfreunden Finanzhilfe und bot das plebiszitäre „Führerprinzip" als ideologischen Exportartikel an. Im „Korneuburger Programm" vom Mai 1930 verwarfen die Heimwehren überdies den demokratischen Parlamentarismus und Parteienstaat, forderten die Überwindung des Klassenkampfes (was gleichbedeutend war mit Antimarxismus) und verlangten eine starke Staatsführung.

Während hierbei der italienische Faschismus Pate stand, war im Grunde einleuchtend, daß die Heimwehren mit demselben Programm auch zu den Nationalsozialisten neigen konnten – umso mehr, als der neue Führer der Heimwehren, Ernst Rüdiger Starhemberg, 1923 am Hitler-Putsch teilgenommen und anschließend dem schwerverwundeten Hermann Göring zur Flucht verholfen hatte. Der ent-adelte Fürst hatte sich allerdings mittlerweile von Hitler

Ausgemergelte Gesichter und bettelnde Menschen an allen Straßenecken zeichneten das Antlitz Wiens in den 30er Jahren. Nicht nur arbeitslose Proletarier bettelten, auch höhere Angestellte sahen sich auf Almosen der Passanten angewiesen.

wegorientiert zu Mussolini hin. Dabei blieb es.

Das Adelsgeschlecht der Starhembergs war so alt, daß ein Mitglied der Familie einmal verächtlich ausrief: „Die Habsburger werden immer Emporkömmlinge bleiben. Wir dagegen ..." So zu reden, will schon etwas heißen; schließlich hatten die Habsburger erstmals 1273 einen deutschen König gestellt. Ein Vergleich aus der preußischen Geschichte: Auch die Bismarcks waren stolz darauf, schon viel länger in der Mark Brandenburg ansässig zu sein als die Hohenzollern.

Die Weltwirtschaftskrise, dieses unheimliche Krebsgeschwür im Organismus der westlichen Zivilisation, durch welches sich die amerikanische Überkonjunktur binnen kurzem in eine arbeitslose, verarmende, buchstäblich abmagernde Massengesellschaft verwandelte, ließ auch Österreich nicht aus, kaum, daß es etwas zu Kräften gekommen war. Neuerliche Anleihen mußten aufgenommen werden – mit neuerlicher Zusage, die Selbständigkeit beizube-

Im März 1931 besuchte der deutsche Außenminister Julius Curtius (rechts) seinen österreichischen Kollegen Johannes Schober (Mitte), um Pläne für eine deutsch-österreichische Zollunion zu diskutieren, die den Auswirkungen der Weltwirtschaftskrise entgegensteuern sollte. Doch das Projekt scheiterte am Einspruch der Siegermächte des Ersten Weltkrieges.

halten. Die Westmächte, aber auch Italien und die Tschechoslowakei fürchteten den Anschluß, als hinge ihre ganze Existenz davon ab. Bei den Tschechen ist die Sorge noch am ehesten zu verstehen, wie ein Blick auf die Landkarte lehrt. Von einem großdeutschen Reich geographisch umarmt, mußte das Anschlußbegehren auch der Sudetendeutschen sehr stark werden, erst recht, wenn sie nicht gleichberechtigte Staatsbürger waren; und so kam es denn ja auch.

Um jeden Ansatz zur Vereinigung im Keim zu ersticken, untersagten die Siegermächte, beziehungsweise untersagte in ihrem Namen der Internationale Gerichtshof im September 1931 die geplante Zollunion Österreichs mit Deutschland. Da die Großdeutschen im Alpenlande sich hierüber ergrimmt zeigten und daher die Anleihepolitik der Regierung nicht mittragen wollten, die oppositionellen Sozialdemokraten aber bei den Nationalratswahlen im November 1930 wieder zur stärksten Partei geworden waren, wurde das Regieren schwierig. Es gab keine verläßliche Majorität mehr im Parlament. Immer mehr gingen die Tendenzen zu einem autoritären Regime, das die parlamentarische Lähmung überwinden sollte. Der Mann, der den Schritt wagte, stand bereit: Seit dem 20. Mai 1932 leitete er als 10. Bundeskanzler die 21. Nachkriegsregierung. Von gewinnendem Charme, ein Agrarfachmann von Ruf, sehr klein gewachsen, stand er im Begriff, groß aus der Krise herauszukommen: Engelbert Dollfuß.

Der kleine Diktator

Kurz nach Kriegsende 1918 hatte der Satiriker Karl Kraus sein Mammutdrama „Die letzten Tage der Menschheit“ abgeschlossen. Österreich, das bei ihm so schlecht wegkommt wie bei seinem literarischen Nachfahren Thomas Bernhard, wird in dem Bühnenstück als „Versuchsanstalt des Weltuntergangs“ bezeichnet, „mit der Fratze des gemütlichen Siechtums“. Für alle Sünden wird zuletzt nicht nur Österreich, wird die ganze Menschheit in einem Meteorregen erstickt und aus dem Vereinsregister des Kosmos gelöscht. „Eine Stimme von oben“ läßt sich am Ende des im Grunde unspielbaren, aber an Phantasie und Figuren überreichen Schauspiels unter anderem so vernehmen:

Zu eurem unendlichen Schädelspalten
haben wir bis zum Endsieg durchgehalten.
Nun aber wißt, in den vorigen Wochen
hat der Mars die Beziehungen abgebrochen.
Wir haben alles reiflich erwogen
und sind in die Defensive gezogen.
Wir sind denn entschlossen, euern Planeten
mit sämtlichen Fronten auszujäten
und mit allen vermessenen Erdengewürmen,
die sich erfrechten, die Sphären zu stürmen,
und wie immer sie sich gewendet haben,
das Bild der Schöpfung geschändet haben . . .

Nun, ein jeder weiß, es blieb vorerst bei der Ankündigung, und neues Leben blühte aus den Ruinen. Österreich, diese sonderbare Verkörperung des Deutschtums mit einigen besonders liebenswürdigen und einigen besonders ärgerlichen Extrazutaten, brachte es sogar fertig, das Wiener Kulturleben in gewohnter Unbekümmertheit – zumindest *erscheinen* zu lassen. Karl Kraus giftete wie eh und je mit seiner Zeitschrift „Die Fackel" gegen alles und jedes, die Operette erlebte ihre Spätblüte unter Emmerich Kálmán und Franz Lehár; Max Reinhardt, in Berlin die Nummer eins unter den Regisseuren, begründete und leitete obendrein die alljährlichen Salzburger Festspiele (seit 1920); die Dichtergarde der Schnitzler, Hofmannsthal, Wildgans, Zweig, Werfel verlieh der reichen deutschen Literatur der Zwischenkriegszeit zusätzliche kräftige Impulse; dem Ringstraßenzauber der Kaiserstadt fehlte einzig der Kaiser; dafür trösteten die Wiener sich unentwegt mit der Melodie ihres Hofrates Rudolf Sieczynski: „Wien, Wien, nur du allein . . ."

An der Kultur gemessen, waren die zwanziger Jahre in Berlin und Wien gleichermaßen golden, aber nur darin. An der Politik abgelesen, waren sie hier wie dort von grauer Tristesse. Beide Besiegten durchmaßen ähnliche Stationen und Erfahrungen: die deprimierende Ausgangslage 1918, die langsame Erholung, danach den zerschmetternden Rückschlag durch die Weltwirtschaftskrise, die Verlagerung der politischen Entscheidungen vom Parlament auf die Straße, verbunden mit dem grundsätzlichen Unbehagen an der Demokratie, deren Mechanismen – vor allem die Notwendigkeit, Kompromisse zu schließen – die unerfahrenen Deutschen und Österreicher beim ersten Versuch noch nicht handhaben und beherrschen lernten. Daher die Leichtherzigkeit, sie aufzugeben zugunsten autoritärer Staatsformen, welche den damals tonangebenden Generationen aus der nahe zurückliegenden Kaiserzeit noch vertraut waren.

Daß Engelbert Dollfuß damit relativ leicht zum Ziele kam, hatte neben der allgemeinen Bereitschaft, der zeitgemäßen Disposition, einen sehr banalen Grund. Das Parlament, der Nationalrat, schaltete sich im März 1933 selber aus auf eine Art und Weise, wie sie einer Posse von Nestroy entsprungen sein könnte.

Am 4. März, einen Tag vor den letzten annähernd freien Wahlen in Deutschland unter dem neuen Reichskanzler Adolf Hitler, stritten die österreichischen Abgeordneten im Parlament erbittert um die Frage, wie dem Eisenbahnerstreik zu begegnen sei. Dollfuß regierte bisher, seit einem Dreivierteljahr, mit äußerster parlamentarischer Gefährdung und brachte Entscheidungen nur mit knappstem Vorsprung durch; kein Wunder, daß selbst zweitrangige Staatsangelegenheiten zum Stolperstein werden konnten. Entsprechend gereizt war die Stimmung im hohen Hause. Und da passierte es, daß bei der Stimmabgabe zweier Sozialdemokraten eine Verwechslung geschah: zwei Stimmzettel trugen denselben Namen – ohne Betrugsabsicht. Eine Lappalie, die ja an den Zahlenverhältnissen nichts änderte. Dennoch verlangte die Regierung eine Wiederholung des Zählganges.

Unter gegenseitigen Beschimpfungen trat der Parlamentspräsident Renner zurück und überließ dem Zweiten Präsidenten Rudolf Ramek den Vorsitz. Der wurde des Tumults nicht Herr und demissionierte

Nutznießer der Krise: die Nationalsozialisten. Auf dem Bild die fünfzehn nationalsozialistischen Gemeinderäte, die nach den Wahlen am 24. April 1932 in das Wiener Rathaus einzogen.

ebenfalls. In einem Akt kopfloser Solidarität, ähnlich dem Massenfreitod von Lemmingen, stellte auch der Dritte Präsident Sepp Straffner sein Amt zur Verfügung. So etwa konnte man sich eine Parlamentssitzung der Bürger von Schilda vorstellen: Mit einem Mal merkten die Abgeordneten zu ihrer namenlosen Verblüffung, daß der Nationalrat sich selber beschlußunfähig gemacht hatte; es gab keinen berufenen Vorsitzenden mehr, der die Sitzung leiten und schließen konnte. An die letzte rechtliche Möglichkeit, den ältesten Abgeordneten des Hauses als Alterspräsidenten hierfür einzusetzen, dachte in der Verwirrung niemand. So gingen die Volksboten „in beispiellosem Trubel“ (Hellmut Andics) auseinander. Österreichs Demokratie, todkrank ohnehin, war an Selbstentleibung gestorben. Das kam den vorherigen deutschen Verhältnissen ziemlich nahe.

Kein Politiker mit Machtinstinkt – wenn er sowieso bereits an andere Formen des Staatsregiments denkt – wird solchen Moment ungenutzt vorübergehen lassen. Am Morgen nach der Tragikomödie erblickten die Wiener Bürger Plakatanschläge mit dem Symbol des schwarzen (seit 1918 einköpfigen) Adlers. „... Die Führung des Staates“, so lasen sie unter anderem, „liegt nicht allein bei der Gesetzgebung, sondern ebenso beim Staatsoberhaupt und der Regierung. Die vom Herrn Bundespräsidenten ernannte gesetzmäßige Regierung ist im Amte. Sie ist von der Parlamentskrise, die ohne ihr Tun heraufbeschworen wurde, nicht berührt; es gibt daher keine Staatskrise.“ „Diese Proklamation war der Geburtsschein des Austrofaschismus“ (Gordon Shepherd).

Dollfuß und sein Ministerrat beschlossen, ohne Parlament weiterzuregieren. Den Sozialdemokraten schlug der Bundeskanzler vor, erst einmal stillzuhalten und auf Neuwahlen zu verzichten, da nur die Nazis davon den Nutzen haben würden; dann stell-

te er die Presse unter Vorzensur und nutzte die Atempause, um zu Mussolini zu reisen. Der Duce blickte vorerst noch herablassend auf den deutschen Führer. Außerdem sympathisierte er nicht mit dessen Parole „Heim-ins-Reich". Dann nämlich, so Mussolinis Furcht, könnte die Brenner-Grenze in Frage gestellt werden. Ein unabhängiges Österreich als Puffer zwischen Deutschland und Italien war ihm lieber. Dollfuß besaß also in Mussolini einen Parteigänger für sein Bestreben nach fortbestehender Unabhängigkeit der Alpenrepublik, außerdem einen wichtigen Wirtschaftspartner (vor allem beim Holzexport). Auch brauchte er nun nicht Mussolinis Unmut zu fürchten, wenn er hart gegen die Nazis im eigenen Lande vorging (worin Starhemberg ihn noch bestärkte).
Im Mai 1933 gründete Dollfuß die „Vaterländische Front" als eine Sammelbewegung aller unabhängigkeitsbewußten Österreicher. Noch bestanden daneben die politischen Parteien, doch war ihnen natürlich das Schicksal zugedacht, als politische Willensträger zu verschwinden und in der Vaterländischen Front aufzugehen.
Einen Monat nach der Gründung der Vaterländischen Front erklärte Dollfuß in London, sie diene jenen, „die ein freies und unabhängiges Österreich als Heimstätte für sich und ihre Nachkommen erwünschen". In England legte man den antidemokratischen Charakter der Bewegung und die Entschlossenheit des Staatsmannes, sein Land aus dem Sog Hitlers herauszuhalten, zusammen auf die Meinungswaage. Dabei überwog das zweite. Insofern werteten sie die diktatorischen Erscheinungen in Österreich als das kleinere Übel und entließen Dollfuß mit Wohlwollen.
Doppelt gestärkt, in Rom und in London, ging er daran, als buchstäblich kleiner David dem gewaltigen Goliath im Norden die Stirn zu bieten. Die österreichische NSDAP wurde verboten. Scharf wendete er sich auch gegen die Sozialisten im eigenen Land. Die Sozialdemokraten fühlten sich „ohne die gewohnte parlamentarische Plattform so verloren wie eine Kavallerietruppe ohne Pferde" (Gordon Shepherd). Hoffnungslosigkeit grassierte unter ihnen wie eine Epidemie. Die Entwicklung des Sommers 1933 – unter dem Begleitlärm zahlloser Sprengstoffanschläge – mündete in die programmatische Rede vom 11. September. „Die Zeit der Parteienherrschaft ist vorbei", rief Dollfuß auf der Wiener Trabrennbahn aus. „Das Parlament hat sich selbst ausgeschaltet, ist an seiner eigenen Demagogie und Formalistik zugrunde gegangen. Dieses Parlament, eine solche Volksvertretung, eine solche Führung unseres Volkes wird und darf nie wiederkommen." Ironisch könnte man Gretchens Worte in Goethes „Faust" abwandeln:

> Ungefähr sagt das der Führer auch,
> Nur mit ein bißchen andern Worten.

Engelbert Dollfuß, der „kleine Diktator". In der historischen „Trabrennplatzrede" am 11. September 1933 kündigte er für Österreich eine ständische Verfassung an: „Die Zeit der Parteienherrschaft ist vorbei!" Nur noch zehn Monate waren ihm beschieden, seine „Personenherrschaft" auszuüben – er wurde am 25. Juli 1934 von nationalsozialistischen Putschisten ermordet.

KONSU

„Heim ins Reich“

Mißglücktes „Sommerfest“

Im deutschen Volkscharakter ist die Fähigkeit zur Rebellion nicht sonderlich ausgeprägt. Wenn in Lateinamerika alljährlich mindestens ein Putsch gelingt, und das seit hundertfünfzig Jahren, so sind im deutschsprachigen Kulturbereich Aufstände mit Erfolg kaum vorzuweisen. Für Österreich gilt dies noch mehr als für Deutschland, weil die „süddeutsche“ Mentalität gegenüber der „norddeutschen“ gemütlicher, genießender, geduldiger ist und das Prinzip Leben-und-leben-lassen höher stellt als entschlossenes Weltverbessern. Das Jahr 1934 lieferte den Beweis für die mangelnde Befähigung zum Umsturz gleich zweifach.

Im Februar stießen Austrofaschisten und Austromarxisten mit Waffengewalt aufeinander. Im Ursachenzusammenhang der gewaltsamen Auseinandersetzung wirkte, wie meistens, auch hier eins ins andere, so daß eindeutige Schuldzuweisungen die geschichtliche Wahrheit verkürzen. Der Minister für Inneres und Sicherheit, Emil Fey, ein radikaler Sozialistengegner, tat alles, um die Sozialdemokraten ihrer legalen politischen Wirkung zu berauben. Dazu gehörten auch Razzien auf illegale Waffenlager. Die Linken *hatten* Waffen gehortet; das geht zu *ihren* Lasten. Eine solche Razzia löste Mitte Februar 1934 bürgerkriegsähnliche Kampfhandlungen aus. Der Republikanische Schutzbund, offiziell von der Regierung aufgelöst, bestand untergründig fort und war darauf vorbereitet, bei nächster Waffensuche loszuschlagen, um das verhaßte System zu stürzen.

Das Signal dazu erging am 12. Februar, wurde aber in den eigenen Reihen nur unzulänglich befolgt. Schon der geplante Generalstreik fand nicht statt. Diese stärkste sozialistische Waffe versagte 1934 in Wien. Eisenbahnen und Straßenbahnen fuhren, Post, Telephon und Telegraphie, Gas, Wasser funktionierten, das Licht erlosch nur zeitweilig. Grotesk beinahe, daß Setzer und Drucker linker Zeitungen für ihre streikenden Kollegen bei rechten Parteiblättern einsprangen, so daß die Zeitungen auf den Markt kamen.

Dennoch gab es viele Tote im „Roten Wien“, vor allem beim Artilleriebeschuß der in Festungen verwandelten Mietskasernen an Wiener Ausfallstraßen. Der Karl-Marx-Hof in der Heiligenstädter Straße war ein besonders umkämpfter Rebellenstützpunkt. Die Zahlen der Opfer schwanken in der historischen Literatur zwischen 137 und 176 Toten auf seiten der Aufständischen und der Zivilisten, während auf der Gegenseite 100 bis 128 Menschen ums Leben kamen.

Dollfuß sagte zu Vertrauten: „Der Befehl zu diesem Schießen war der furchtbarste Entschluß meines Lebens; er war aber die einzige Möglichkeit, den Kampf abzukürzen.“ Bis zu seinem Lebensende belastete ihn die Verantwortung dafür. Dieses Lebensende freilich kam viel rascher, als irgend jemand ahnte. Selbst von denen, die ihn zu stürzen trachteten, kann man nicht behaupten, der Mord sei eingeplant gewesen. Jedenfalls, kein halbes Jahr verging bis zum zweiten österreichischen Großereignis des Jahres 1934, bis zum zweiten mißglückten Putsch.

In der Zwischenzeit proklamierte Dollfuß die neue ständestaatliche Verfassung. Gedanken daran hatten ihn schon beschäftigt, seit er, der gebürtige Niederösterreicher aus Texing, von dem Wiener Philosophen und Nationalökonomen Othmar Spann erstmals geistig berührt worden war.

Mitte Februar 1934 wuchsen sich die Spannungen zwischen der bewaffneten Arbeiterschaft einerseits, der Regierung und der „Heimwehr“ andererseits in Wien zu einem regelrechten Bürgerkrieg aus. Links die Vorderfront des durch Artilleriebeschuß demolierten Ottakringer Arbeiterheimes.

Spann hatte 1921 sein Buch „Der wahre Staat – Vorlesungen über Abbruch und Neubau der Gesellschaft“ publiziert. Der Entwurf beruhte auf antiliberalen, antidemokratischen, antimarxistischen Staatsauffassungen und wollte wieder an ständische Ordnungen altdeutscher Vergangenheit anknüpfen. Das Konzept reihte sich ein in mancherlei andere Versuche inmitten der wuchernden Ideenlandschaft der „konservativen Revolution“. Auch die Nazis waren von alledem stark beeinflußt. Weltanschaulich bestand ja, wie schon an der Ideologie der Heimwehren gezeigt wurde, viel Verwandtschaft zwischen Austrofaschisten und Nationalsozialisten; sie hätten sich vertragen und einigen können. Daß aber Dollfuß auf Eigensein und -bleiben setzte, Hitler und die Gesinnungsgenossen in Deutschland und Österreich dagegen vom Anschluß träumten – *das* war das Trennende. Und deshalb kam es zur Dollfuß-Tragödie.

Im Hochsommer 1934 wollte der Bundeskanzler mit seiner Familie in Italien Urlaub machen. Mussolini hatte ihn nach Riccione zum Baden eingeladen. Dabei stand auch Prestige auf dem Spiel. Dollfuß konnte nicht schwimmen. Mussolini, ein fähiger Wassersportler, hatte beim vorigen Treffen unter Gelächter seiner Umgebung gesagt: „Ein Staatsmann, der nicht schwimmen kann, läuft Gefahr unterzugehen.“ Kleingewachsene Menschen sind gegen nichts empfindlicher als gegen Spott. Also lernte Dollfuß schwimmen, unter Anleitung eines Beamten der Wiener Bundespolizei am Mattsee im Salzburgischen. „Kommende Woche . . . muß ich schwimmen können, wenn ich mit dem Duce in der Adria baden geh’. Ich darf doch Österreich nicht blamiern!“

Aus diesem ganz persönlichen Grund verschob Dollfuß die letzte Kabinettssitzung um einen Tag. Das rettete zwar nicht ihn, aber vielleicht den Staat. Unterdessen lief nämlich der Countdown der Verschwörer für eben jenen Tag, für den die Sitzung

ursprünglich anberaumt war. Die Verschiebung brachte alles durcheinander – und: sie bewirkte, daß ein Mitwisser noch rechtzeitig Gewissensbisse bekam und die Staatsmacht informierte.

Eine Reihe Nationalsozialisten diesseits und jenseits der Grenzen arbeitete mit- und ineinander: Theo Habicht, der reichsdeutsche Landesleiter der verbotenen österreichischen NSDAP, sein ebenfalls reichsdeutscher Stabsleiter Rudolf Weydenhammer, die beiden Österreicher Otto Wächter und Fridolin Glaß (der eine war

Hauptabteilungschef in der Parteilandesleitung, der andere war SS-Sturmbannführer) und nicht zuletzt Anton Rintelen, Gesandter der Wiener Regierung in Rom – vorgesehen als neuer Bundeskanzler.
Schon Ende Mai war Wächter in Berlin gewesen und hatte im Auswärtigen Amt auf Zustimmung zu einer Gewaltaktion gedrängt. Ein Aktenvermerk über die Unterredung hatte über den Reichsaußenminister Konstantin von Neurath den Weg auf Hitlers Schreibtisch gefunden. Außerdem war Theo Habicht am 6. Juni von Hitler empfangen worden und hatte dem Führer zweifellos Einblick in die Vorbereitungen zu einem Staatsstreich vermittelt. Der aber dürfte ebenso wahrscheinlich seinem Gast klargemacht haben, daß es sicherer sei, ihn mit Einzelheiten zu verschonen; umso leichter konnte er im Falle des Scheiterns auf Abstand gehen.
Diese Politik erschien ihm erst recht geraten, als Mussolini beim ersten Zusammentreffen mit ihm Mitte Juni in Venedig seine Beschützerabsichten gegenüber Österreich erneut unterstrich.

Fototermin nach einer Feldmesse. Neben den herausragenden Vertretern des „Austrofaschismus" (links in Uniformen die Heimwehrführer Fürst Starhemberg und Mariatheresienritter Major Emil Fey, Bundeskanzler Dollfuß mit mißglückter Napoleon-Pose) der Bundespräsident Miklas und Heeresminister Carl Vaugoin (ganz rechts).

„Dollfuß verrecke“ – die von österreichischen Nationalsozialisten an eine Häuserwand gemalte Parole wurde am 25. Juli 1934 in blutige Tat umgesetzt.

Die Verschwörer mußten bei der unvermuteten Verschiebung der Ministerrunde sämtliche Einsatzbefehle stornieren und sich unauffällig über die letzten 24 Stunden bringen. Vorgesehen war, die Minister durch SS-Leute, die als Soldaten des Bundesheeres verkleidet waren, bei ihrer Sitzung im Bundeskanzleramt festzunehmen und über den Rundfunk den Umsturz zu proklamieren. Die Aktion trug den Codenamen „Sommerfest“.
Kurz vor Beginn packen den Polizeirevier-Inspektor Johann Dobler Skrupel und Zweifel, ob die Sache rechtens sei. Zwar ist er Nationalsozialist, aber eben auch Beamter, der auf seinen Staat vereidigt worden ist. Wie er aber die Sache anpackt, wie er sein Wissen preisgibt, ist so tolpatschig, daß kostbare Stunden verrinnen, bevor Dollfuß mitten in der Sitzung, als die verkleidete SS-Truppe bereits in den Hof des Amtssitzes fährt, einen warnenden Hinweis von seinem Minister Fey empfängt. Dollfuß schickt die Minister bis auf drei in ihre Ämter zurück; mit diesen dreien will er gerade in sein Büro hinüberwechseln, als ein Major hereinstürmt und ruft: „Die Nazis sind im Haus!“
Ein Amtsdiener zerrt den Bundeskanzler und seine drei Begleiter durch eine Tür hinaus, weil er sich auskennt in dem Labyrinth des Barockbaues aus dem 18. Jahrhundert. Er will den Staatsmann retten, weiß eine Wendeltreppe, die zu einem Notausgang führt. Sie kommen nicht weit. Ein Trupp Bewaffneter kommt ihnen bereits entgegen, als sie vom Kanzlerzimmer und Ecksalon an die Tür des Kongreßsaales gelangt sind. Die Führung des Haufens hat Otto Planetta. Er schießt augenblicklich. Zwei Schüsse aus der Pistole treffen Dollfuß am Hals und in der Achselhöhle. (Noch unter dem Galgen wird Planetta behaupten, er habe den Kanzler nicht töten wollen, sondern unabsichtlich geschossen.)
Drei Stunden lang verblutet der Schwerverwundete ohne ärztliche Hilfe, auch wird dem frommen Katholiken der priesterliche Beistand verweigert. Der autoritäre kleine Mann erlischt wie ein mildes Licht, ohne Zorn, ohne Anklage, freundlich zu seinen grimmigen Bewachern und im Glauben, es sei rebellierendes Militär. Er bittet: „Mussolini soll sich um meine Frau und die Kinder kümmern.“ Das letzte: „Ich habe ja nur den Frieden haben wollen. Wir haben nie angegriffen. Wir mußten uns immer wehren. Der Herrgott soll ihnen vergeben.“
Um 15 Uhr 45 stirbt der Verletzte. Sein Tod ist der höchste Tribut des Tages. Der Staat, das eigentlich gedachte Opfer, überlebt. Der Putsch, durch Verrat und Unzulänglichkeit in seiner Wirkung aufgefangen, scheitert, das „Sommerfest“ mißglückt. *So* dilettantisch war Österreich nicht „heim ins Reich“ zu bringen, das mußte schon anders angefangen werden. Die Trauerfeier für Dollfuß war eindrucksvoll und ehrlich. Vielleicht hätte er für einen längerfristigen Eigenweg Österreichs

kraft seiner Persönlichkeit und Ausstrahlung Gewähr geboten; jedenfalls waren die Aussichten dafür besser als 1918 und 1931. Aber das sind Spekulationen. Denn Staatspolitik ist nie selbstbezogen, sondern auch abhängig von den Zufällen der internationalen Konstellationen. Und darin ergaben sich Entwicklungen, in deren Verlauf Österreich seinen Protektor Mussolini verlor.

Österreich bekommt vier Jahre Zeit

Noch aber war er da, und dieser Umstand machte die Niederlage für Hitler noch ärger. Er kann als der Hauptverlierer des 25. Juli 1934 gelten. Außenpolitisch belastet durch die blutigen Orgien der Röhm-Affäre vor knapp vier Wochen, konnte ihm nichts ungelegener kommen als ein tödliches Attentat von Nationalsozialisten auf den Bundeskanzler in Wien. Zweimal binnen 26 Tagen wurde so der Eindruck erweckt, das Hitler-Regime arbeite brutal mit den Mitteln des Mordes, um seine Macht zu festigen oder auszuweiten. Da Mussolini überdies Truppen gefechtsbereit an der Brenner-Grenze und vor Kärnten aufziehen ließ, war seine Warnung vor einem Griff nach Österreich durch das Deutsche Reich deutlich genug.

Amtlich ließ Hitler jede deutsche Beteiligung an dem Putschversuch bestreiten. Eilig schickte er seinen Vizekanzler Franz von Papen auf den Posten des abgelösten Gesandten Kurt Rieth in Wien. Papen, der in den blutigen Röhm-Tagen den engen Mitarbeiter Edgar Jung durch Mord verloren hatte, dennoch nicht protestierend zurückgetreten war, ließ sich auch für diese Beschwichtigungsaufgabe willig benutzen.

Am 10. Februar 1933 hatte Hitler in seiner ersten Sportpalastrede als Reichskanzler beschwörend ausgerufen: „Deutsches Volk, gib uns vier Jahre Zeit, dann richte und urteile über uns!“ In ironischer Anleihe läßt sich sagen: Zur Vorsicht gemahnt, gab er dem Dollfuß-Nachfolger Kurt von Schuschnigg vier Jahre Zeit (nicht ganz) – dann wurde über das freie Österreich „gerichtet“, denn sein Beschützer hatte es fallenlassen.

War Dollfuß schon ein ungewöhnlich junger Mann gewesen für den Posten eines Bundeskanzlers – 39jährig bei Amtsantritt –, so unterbot ihn der Nachfolger noch um drei Jahre. Kurt von Schuschnigg,

Otto Planetta

Franz Holzweber

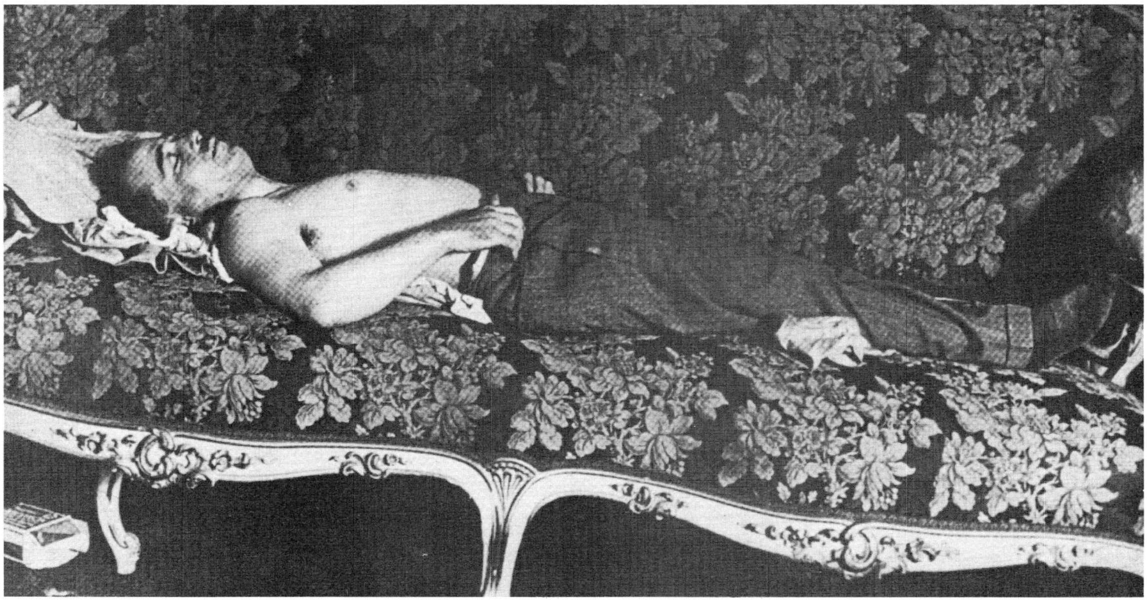

Die ehemaligen Frontsoldaten Planetta und Holzweber (oben) ermordeten Österreichs Bundeskanzler Engelbert Dollfuß (links). Knapp eine Woche nach dem Attentat wurden sie zusammen mit fünf weiteren Mitverschwörern nach einem beschleunigten Gerichtsverfahren hingerichtet.

Nach der Totenmesse: Engelbert Dollfuß, der „kleine Diktator", wird zur letzten Ruhe getragen.

1897 in Riva am Gardasee geboren, im damals österreichischen Südtirol, war nach dem Kriegsdienst Rechtsanwalt geworden und hatte seinen politischen Weg 1927 als christlich-sozialer Abgeordneter im Nationalrat begonnen. 1932 wurde er Justizminister, 1933 kam noch das Ministeramt für Unterricht dazu. In der Julikrise 1934, während der Staatsstreich sich noch dahinquälte, wählte das Rumpfkabinett den Doppelminister zum provisorischen Vorsitzenden. Bundespräsident Wilhelm Miklas wies ihn von seinem Urlaubsort Velden am Wörthersee telephonisch an, die gesetzliche Ordnung mit allen Mitteln der Staatsgewalt wiederherzustellen und die am Ballhausplatz eingeschlossenen Mitglieder der Regierung zu befreien. Im Falle Dollfuß war das nicht mehr möglich, bei den anderen gelang es. Der erste Teil des Auftrages wurde dagegen ohne Einschränkung erfüllt. Sechs Tage später ergingen dann zunächst zwei gerichtliche Todesurteile und wurden sofort vollstreckt. Im August folgten noch sechs Hinrichtungen; sechzig weitere Todesurteile wurden in lebenslängliche Kerkerhaft umgewandelt. „Lebenslänglich" bedeutete in diesem Fall weniger als vier Jahre ...

Über den Gegensatz der Persönlichkeiten Dollfuß und Schuschnigg schreibt der Historiker Hellmut Andics, ein größerer Unterschied zwischen zwei Männern, „die als Einheit durch die historische Erinnerung gehen", lasse sich kaum denken. „Dollfuß war ein niederösterreichischer Bauernsohn aus ärmlichsten Verhältnissen. Schuschnigg war Tiroler von Geburt; er kam aus einer adeligen Offiziers- und Beamtenfamilie. Dollfuß ... spielte virtuos auf der weitgespannten Klaviatur des Traditionalismus, um den Österreichern auch im Kleinstaat ein patriotisches Nationalbewußtsein zu geben. Schuschnigg kam aus der Geisteswelt des Donaustaates vor 1918 und blieb Monarchist. Im privaten Kreis konnte Dollfuß von ausgelassener Fröhlichkeit sein. Schuschnigg fand auch zu seinen engsten Mitarbeitern nur schwer persönlichen Kontakt. Dollfuß war das Objekt unzähliger Witze; seine kleine Statur machte ihn zum Gespött seiner Feinde, zugleich aber machte sie ihn auch populär. Über Schuschnigg lachten weder seine Feinde, noch brachten seine Freunde ein gutmütiges Lächeln für ihn auf. Zumindest für seine Anhänger blieb Dollfuß ein Mann des Volkes. Schuschnigg blieb der kühle Intellektuelle. Sein Antagonist Otto von Habsburg sagte von ihm: ‚Seine Brille ist die Glaswand, die ihn von den Menschen trennt.' Dollfuß wuchs erst allmählich in die Rolle des Diktators hinein; ... die Apparatur des autoritären Systems hatte er selbst zusammengezimmert. Schuschnigg übernahm die Apparatur als einigermaßen intaktes Gebilde. Für ihn schien ein anderes System undenkbar ..."

Hinter Schuschniggs humorlosem Bürokratengesicht verbargen sich Durchsetzungswille und Zähigkeit, verbunden mit Geschick. Innenpolitisch war er in den folgenden beiden Jahren erfolgreich darin, den undurchsichtig-ehrgeizigen Konkurrenten Emil Fey und den Fürsten Starhemberg als Vizekanzler und Führer der Vaterländischen Front auszubooten. Inzwischen aber verschlechterte sich die außenpolitische Lage bedrohlich zu Österreichs Ungunsten. Der Wandel beruhte auch auf Hitlers erstem gelungenen Gewalttest. Die Stichdaten dafür sind der 3. Oktober 1935 und der 7. März 1936. Aus beiden zusammen entwickelten sich Gewichtsverlagerungen im europäischen Kräftespiel.

Eigentlich war die Ära des Kolonialismus vorbei. Schon waren überall diejenigen geboren, die in der noch nicht so genannten Dritten Welt in den sechziger Jahren Führungspositionen übernehmen würden. Da kam ein letzter Eroberer mit kriegerischem Getöse daher und belebte den europäischen Spätimperialismus kurz vor seinem geschichtlichen Erlöschen. Benito Mussolini gab einer verblüfften Weltöffentlichkeit den Einfall seiner Truppen ins Kaiserreich

Abessinien bekannt. An jenem 3. Oktober 1935 begann ein Feldzug, den die Italiener mit ihrer Überlegenheit an Menschen und modernen Waffen zwangsläufig gewinnen mußten, aber es dauerte trotzdem acht Monate, bis der Duce im Mai 1936 vom Palazzo Venezia aus stolz verkündete: „Abessinien ist italienisch. Mit dem römischen Adler triumphiert die Kultur über die Barbaren." Bei diesen Worten hätte man fast denken können, Cäsar habe soeben den Gallierfürsten Vercingetorix besiegt. Jedenfalls war Italiens Nordafrika-Besitz, zu dem schon Libyen gehörte, jetzt nahezu verdoppelt.

Das alles hatte mit Österreich oder Deutschland direkt nichts zu tun, indirekt aber eine Menge. Das erste war, daß Hitler aufmerksam die schwächliche Reaktion der Westmächte und des Völkerbundes beobachtete und daraus seine Schlüsse zog: Die westlichen Demokratien scheuten erkennbar Gewaltanwendung gegen einen Friedensstörer; ihre Sanktionen – etwa Kredit- und Rohstoffsperre – erwiesen sich als wirkungslos; außerdem glich Deutschland die Rohstoffverluste Italiens aus. Indem Hitler auf diese Weise dem italienischen Abenteurer und weltanschaulichen Gesinnungsfreund moralisch und materiell unter die Arme griff, verbesserte er grundlegend das machtpolitische Klima zwischen beiden Ländern. Er durchbrach Italiens weltpolitische Isolierung und legte damit den Grundstein zur beiderseitigen Freundschaft und späteren „Achse Berlin – Rom"; dazu gehörte dann auch das gemeinsame Eingreifen in den Spanischen Bürgerkrieg zugunsten Francos.

Die zweite Folge des Abessinienkrieges war, daß Hitler, wenn auch bänglich, im März 1936 deutsche Truppen ins Rheinland einmarschieren ließ und damit die Entmilitarisierung dieser Region – in Versailles vorgeschrieben, in Locarno bestätigt – gewaltsam beendete. Auf diese Weise zerriß er zwei Abkommen der Weimarer Republik. Mussolinis Feldzug hatte ihn

„Die Brücke" – Karikatur aus der satirischen Schweizer Zeitschrift „Nebelspalter" vom August 1936: Österreich liegt stramm über dem Abgrund, das nationalsozialistische Deutschland und das faschistische Italien gehen grüßend aufeinander zu. Die Unterstützung von Mussolinis Abessinien-Abenteuer (1935–36) durch Hitler begann Früchte zu tragen.

mutmaßen lassen, die Westmächte würden die Rheinland-Besetzung hinnehmen, eine Annahme, die sich nach aufregenden Stunden bestätigte. Der gelungene Kraftakt am Rhein ermutigte Hitler, bei nächster Gelegenheit weitere „revisionistische" Ziele anzugehen, Vertragsklauseln von Versailles aufzukündigen. Man brauchte damals kein Prophet zu sein, um dabei zuerst an Österreich zu denken.

So glich Österreich nun einem äußerlich noch gesunden Organismus, dem aber zwei gefährliche, zum Tode führende Krankheitskeime beigefügt worden waren. Der eine Virus hieß Abessinien, der andere hieß Rheinland. Die Inkubationszeit bis zum Ausbruch des „Todesleidens" dauerte noch zwei Jahre.

Halb zog man es, halb sank es hin

Falsch wäre jedoch, den Verlust der Selbständigkeit nur auf die bösen Nachbarn im Norden und Süden zurückzuführen. Hinzu kam der wachsende Druck des nationalen Gedankens. Er war ohnehin einer der stärksten Bewegkräfte des Jahrhunderts. Österreich konnte davon nicht unberührt bleiben, wenn in Deutschland eine aus dem Erfolgsgefühl hervorgewachsene Hochstimmung breiter Bevölkerungskreise herrschte und beim Anblick Hitlers regelmäßig tosender Jubel ausbrach. Was Rundfunk, Wochenschau, Zeitungen fortwährend vom Reich aus an Begeisterung herübertrugen, steigerte den Wunsch vieler Österreicher nach nationaler Vereinigung. Zwischen 1866 und 1918 war er gering gewesen, kaum spürbar, danach leidenschaftlich ausgebrochen, aber von außen unterdrückt worden. Unter Dollfuß schien für einige Jahre ein nationaler Eigenweg zumindest denkbar zu sein, zumal es Alternativen nicht gab. Jetzt, mit Deutschlands neuem Aufschwung, auch neuem internationalen Ansehen, fand der Gedanke getrennter Wege immer weniger Anhänger. Ein deutschstämmiges Land, dessen Eigenständigkeit nicht mehr durch internationale Fesseln aufgezwungen oder durch freie Garantien gesichert war, mußte der Anziehungskraft des deutschen Nationalismus erliegen, auch wenn wir ihn im Rückblick als krankhaft übersteigert anzusehen haben. Schon scheuerten die Halteseile dieser Garantien, der italienischen vor allem, sichtbar durch. Das sah jeder, selbst wenn er von entsprechenden internen Äußerungen nichts wußte. So hatte Mussolini im Januar 1936 den deutschen Botschafter Ulrich von Hassell wissen lassen, daß Italien nichts einzuwenden habe, wenn ein selbständiges Österreich „Satellit Deutschlands" würde, vorausgesetzt, die Brenner-Grenze bleibe unangetastet.

Außerdem drängte Mussolini die österreichische Regierung, sich mit Deutschland ins Einvernehmen zu setzen und Spannungen abzubauen. Daraus ging das Berlin-Wiener Juli-Abkommen 1936 hervor. Äußerlich bot es keinen Angriffspunkt, weil „die deutsche Reichsregierung die volle Souveränität des Bundesstaates Österreich" anerkannte. Entscheidend war aber die Übereinkunft, daß Österreich sich bereit erklärte, eine „weitreichende politische Amnestie durchzuführen und Vertreter der bisherigen sogenannten nationalen Opposition zur Mitwirkung an der politischen Verantwortung heranzuziehen".

Unvermeidlich drängt sich der Vergleich vom Trojanischen Pferd auf, in dessen Bauch Odysseus und seine Gefährten darauf warteten, die Tore der feindlichen Stadt von innen zu öffnen. Zugleich aber ermahnte Hitler seine dortigen Parteifreunde, nichts zu übereilen. „Ich brauche noch zwei Jahre", sagte er zu einer Delegation von Braunhemden aus seiner Heimat, „um Politik machen zu können. So lange hat die Partei in Österreich Disziplin zu wahren." Ein Vereinigungsdruck kam jetzt zusätzlich von anderer Seite. Im September 1936 wurde der Vierjahresplan verkündet, mit der geheimen Direktive des Führers und Reichskanzlers, „die deutsche Wirtschaft muß in vier Jahren kriegsfähig sein". Hermann Göring als Beauftragter des Vierjahresplans erkannte schnell, daß das Zeitmaß nicht einzuhalten sei, wenn Deutschland so abhängig von kriegswichtigen Rohstoffen bliebe. Außerdem mußten sie teuer gegen Devisen eingekauft werden. Entsprechend schweifte sein Blick auf der Landkarte beutegierig über die Alpenregion. Österreichs Eisenerzlager boten starken Anreiz für die deutsche Kriegsplanung. „Infolge der wirtschaftlichen Schwierigkeiten des Deutschen Reiches ... wurden die Verantwortlichen für den Vierjahresplan ab Sommer 1937 zu den treibenden Kräften für einen möglichst baldigen Österreich-Anschluß" (Norbert Schausberger).

Zu jener Zeit schrieb Franz von Papen an Hitler, das Abkommen vom vergangenen Sommer habe „den geistigen Einflüssen des Reiches in allen Domänen des öffentlichen Lebens Tor und Tür geöffnet". An-

Österreichs Bundeskanzler Kurt Schuschnigg neben seinem „Protektor", Italiens „Duce" Benito Mussolini. Der jedoch schielte seit 1936 mehr und mehr in Richtung Berlin und verlor seinen Schützling 1938 ganz aus dem Auge.

Plakat zur geplanten Volksabstimmung Schuschniggs für ein „unabhängiges und christliches Österreich". Hitler machte ihm einen Strich durch die Rechnung. Am 10. April 1938 sagten die Österreicher „Ja!" zum Anschluß an das nationalsozialistische Deutschland.

dererseits hatte Schuschnigg sich bisher nicht dazu bereitfinden können, österreichische Nationalsozialisten in die politische Verantwortung hineinzunehmen. Darüber wurden diese immer ungeduldiger. Sie brauchten nicht mehr lange zu warten.
Die berufsmäßigen Kapitalbeweger spürten immer am frühesten, wenn Veränderungen in der Luft liegen, weil sie darin geschult sind, die sichersten Anlagemöglichkeiten auszukundschaften. Seit dem Spätherbst 1937 wurden der Alpenrepublik weitere Kredite verweigert – ein sicheres Zeichen, daß die internationale Finanzwelt das Staatsschiff „Austria" verließ, ehe es von den Fluten des deutschen Nationalismus verschlungen werden würde.
Zur gleichen Zeit gab der britische Kriegsminister Halifax deutschen Gesprächspartnern zu verstehen, daß Großbritannien eine friedliche Lösung der Österreich-Frage dulden werde. Auch machte das makabre Scherzwort die Runde, „die Achse Rom – Berlin sei der Spieß, an dem Österreich braun gebraten werde". Es wurde einsam um Kurt von Schuschnigg.
Noch versuchte er, Zeit zu gewinnen. Auf seine Anregung kam es am 12. Februar 1938 zu einem Gespräch mit Hitler auf dem Obersalzberg. Der bot sein ganzes Potential an Schauspielkunst und Bluffvermögen auf, um den Bundeskanzler einzuschüchtern. Der Erfolg war denn auch durchschlagend. Das „Gespräch" war ein einziges Drohgebaren, entnervend zusätzlich durch den einfachen Umstand, daß der Kettenraucher Schuschnigg in Hitlers Gegenwart auf Zigaretten verzichten mußte und unter dem Entzug seiner Dauerstimulanz geradezu körperlich litt. Die Unterredung fand zunächst ohne Zeugen statt, so daß wir bei den gedruckten Äußerungen auf Schuschniggs eigene spätere Gedächtnis-Wiedergaben angewiesen sind; dem Sinne nach jedenfalls brauchen die Äußerungen nicht bezweifelt zu werden; zu gut passen sie in Hitlers Stil gegenüber Abhängigen, Schwächeren, um die er nicht mit seinem gleichfalls verfügbaren Charme warb, um sie zu gewinnen.
„. . . Mir war meine Aufgabe vorgezeichnet; ich bin den schwersten Weg gegangen, den je ein Deutscher gehen mußte, und ich habe in der deutschen Geschichte das Größte geleistet, was je einem Deutschen zu leisten bestimmt war . . . Ich brauche nur einen Befehl zu geben, und über Nacht ist der ganze lächerliche Spuk an der Grenze zerstoben. Sie werden doch nicht glauben, daß Sie mich nur eine halbe Stunde aufhalten können? Wer weiß – vielleicht bin ich über Nacht in Wien; wie der Frühlingssturm! Dann sollen Sie etwas erleben! Ich möchte es den Österreichern gern ersparen; das wird viel Opfer kosten." Italien, Frankreich und England würden keinen Finger für Österreich rühren, fügte er abfällig hinzu. „Überlegen Sie es sich gut, Herr Schuschnigg – ich habe nur mehr Zeit bis heute nachmittag. Wenn ich Ihnen das sage, dann tun Sie gut daran, mich wörtlich zu nehmen!"

Nach diesem Ausbruch sah der Bundeskanzler keinen anderen Ausweg, als das „Abkommen" von Berchtesgaden zu unterschreiben, eine ähnliche Farce wie der „Vertrag" von Versailles. Beidemal wurde die Zustimmung der Gegenseite unter stärkstem Druck erzwungen. Schuschnigg mußte zugestehen: Generalamnestie und freie Betätigung für österreichische Nationalsozialisten, die Aufnahme des NS-Politikers Arthur Seyß-Inquart als Innenminister in die Regierung sowie die Anpassung der österreichischen Wirtschafts- und Außenpolitik an die des Reiches.
Wieder daheim, stemmte Schuschnigg sich trotz dieser unvermeidlichen Zugeständnisse dem erkennbaren Dammbruch entgegen; er wollte das Verhängnis aufhalten. Dabei beging er einen schwerwiegenden Fehler. Um der Außenwelt zu zeigen, daß die Mehrheit der Bevölkerung am Willen zur Eigenständigkeit festhalte, beraumte er überstürzt eine Volksabstimmung an. Vom Aufruf dazu bis zum Votum blieben nur fünf Tage Zeit (9. bis 13. März), eine viel zu kurz bemessene Spanne, um einen korrekten Ablauf zu gewährleisten. Außerdem durften nur Bürger über 24 Jahre teilnehmen – eine durchsichtige Absicht, die weithin deutsch-national beeinflußte Jugend von einer Stimmabgabe zugunsten des Anschlusses fernzuhalten. Graf Ciano, Italiens Außenminister, schrieb in sein Tagebuch, „die Bombe des Volksentscheids" sei dazu bestimmt, dem Bundeskanzler „in der Hand zu explodieren".

Der 11. März 1938

Der 11. März 1938 dämmerte herauf. Seit 5.30 Uhr wußte Schuschnigg, daß die Deutschen die Grenze bei Salzburg hermetisch gesperrt, die Zollbeamten abgezogen und den Eisenbahnverkehr unterbrochen hatten. Die Regierungstruppen, die nach Graz geschickt worden waren, um dort einen nationalsozialistischen Aufstand niederzuschlagen – ein Jägerbataillon und ein Bataillon motorisierter Gendarmerie –, waren unterwegs auf Marschkolonnen junger Mädchen und Männer gestoßen, die ihnen unter dem Gesang des Deutschlandliedes entgegenkamen.
Die Soldaten hatten es nicht gewagt, auf diese jungen Menschen zu schießen, die eine Melodie von Joseph Haydn auf den Lippen hatten, nach der auch die österreichische Nationalhymne gesungen wurde. Mittlerweile zog die Menge, die darauf gefaßt war, daß jeden Augenblick die Gewehre losgehen würden, in wahnsinniger Erregung durch die Straßen der Stadt und schrie „Heil Hitler!" Ähnliche Vorfälle wurden aus Linz, Salzburg, Innsbruck, Eisenstadt und Klagenfurt gemeldet, wo die Truppe begann, sich mit den Demonstranten zu verbrüdern.
Gegen 9 Uhr morgens empfing Schuschnigg Dr. Jury, den Stellvertreter Seyß-Inquarts. Jury hatte in den „Wiener Neuesten Nachrichten" zum Boykott der von Schuschnigg geplanten Abstimmung aufgerufen. Der Kanzler konnte seine Erbitterung nur mühsam verbergen und verlangte Aufklärung.
„Warum haben Sie öffentlich Stellung gegen die Volksbefragung genommen?" fragte Schuschnigg mit schneidender Stimme.
„Weil mein Gewissen mir das gebot", erwiderte Jury. „Sie wissen ebensogut wie ich, daß die Bedingungen, unter denen die Volksbefragung vor sich gehen soll, willkürlich und gesetzwidrig sind. Sie stehen im Begriff, das schlimmste aller Verbrechen zu begehen! Man darf mit dem Schicksal eines Volkes nicht spielen . . ."
„Ich untersage Ihnen ausdrücklich . . ."
„Wer hat Ihnen das nur geraten, Herr Bundeskanzler? Alles stand gut, und nun, mit dieser Volksabstimmung, ist alles verloren . . ."
„Geraten hat es mir niemand! Ich trage allein die Verantwortung und habe sie in keiner Richtung zu scheuen! Es handelt sich um nichts anderes als um ein offenes

„Mit Schuschnigg für Österreich!" – nach der Ankündigung der Volksbefragung entfaltete die Vaterländische Front eine eindrucksvolle Propaganda mit Flugblättern und Plakaten (links); auf den Beinen war aber auch die Gegenseite: „Alles für Österreich *ohne* Schuschnigg!" fordern österreichische Nationalsozialisten.

Bekenntnis zur Verfassung ... Was beanstanden Sie an der vorgeschlagenen Parole?"
„Zum Beispiel, daß vom autoritären Staat nicht die Rede ist ..."
„Das versteht sich doch von selbst!"
„Warum sollte man es dann nicht sagen?"
„Wenn Sie wollen, bin ich gern bereit, die ausgegebene Parole durch das Wort ‚autoritär' zu ergänzen."
„Das ist jetzt zu spät ..."
Schuschnigg stützte seinen Kopf in beide Hände und dachte einen Augenblick nach. Dann setzte er dumpf hinzu:
„Ich bin bereit, die Fragestellung abzuändern. Ich bin sogar bereit dazu, bestimmte Bestimmungen für den Wahlablauf zu ändern. Dafür aber bitte ich Sie um die Abgabe einer neuen Erklärung, in der Sie Ihren Boykott-Aufruf widerrufen und Ihren Leuten sagen, daß alles in Ordnung ist."
„Darüber müßten Sie mit Seyß-Inquart sprechen ..."
„Sie weigern sich also?"
„Ja!"
„Dann verlange ich Ihren Rücktritt!"
„Ich bin nur der Stellvertreter von Minister Seyß-Inquart. Es ist seine Sache, mir das mitzuteilen."
„Gut! Ich werde das Erforderliche veranlassen."
Während sich Jury zurückzog, rief Schuschnigg Seyß-Inquart an, konnte ihn jedoch nicht erreichen. Der Minister war zum Flugplatz Aspern gefahren, um dort General von Glaise-Horstenau abzuholen. Der einstige Generalstabsoberst der k. u. k. Armee und Generaldirektor des Heeresarchivs kehrte soeben von einer Vortragsreise aus Deutschland zurück. Er war entsetzt über die Spannung und die übermäßige Erregung, die im Reich herrschte.
„Ich weiß nicht, was hier vorgeht, aber dort ist alles außer Rand und Band", erklärte er, als er aus dem Flugzeug stieg.
„Sagen Sie das bitte dem Bundeskanzler selbst", erwiderte ihm Seyß-Inquart auf dem Weg zu seinem Wagen.

Gegen 10 Uhr trafen Seyß-Inquart, der briefliche Anweisung von Hitler hatte, Schuschniggs Abstimmung unter allen Umständen zu vereiteln, und Glaise-Horstenau am Ballhausplatz ein. Der General schilderte Schuschnigg die Stimmung im Reich. Wenn man nach der Entrüstung all derer urteilen wollte, mit denen er zusammengetroffen war, müsse sich Hitler in einem Zustand unbeschreiblicher Wut befinden.
„Was ich völlig unbegreiflich finde“, versetzte Schuschnigg darauf. „Schließlich tun wir nur, was unser gutes Recht ist, und weichen keinen i-Punkt von dem ab, was im Berchtesgadener Abkommen expressis verbis anerkannt wurde.“
„Hören Sie, Herr Bundeskanzler!“, bat Glaise-Horstenau. „Diese Spitzfindigkeiten helfen uns jetzt nicht mehr weiter. Denken Sie daran, was Sie für Gewalten entfesseln werden. Sie können die Volksabstimmung nicht unter solchen Bedingungen ablaufen lassen. Es wird Blut fließen. Verschieben Sie die Abstimmung auf später!“
„Ich habe bereits einer Abänderung der Wahlbestimmungen zugestimmt“, entgegnete der Bundeskanzler. „Das habe ich eben in diesem Moment Dr. Jury bestätigt. Eine Verschiebung des Termins aber ist ausgeschlossen. Ich habe feierlich vor dem ganzen Volk erklärt, daß die Volksabstimmung am nächsten Sonntag stattfinden wird, und ich kann dieses Versprechen nicht selbst wieder zurücknehmen.“
Schuschnigg zog sich in sein Arbeitszimmer zurück und zitierte seine Getreuen zu sich: die Minister Raab, Pernter und Guido Schmidt, General Zehner und Oberst Skubl, den Wiener Bürgermeister Richard Schmitz, den Vorsitzenden des Christlichen Gewerkschaftsbundes, Staud, und den Generalsekretär der Vaterländischen Front, Guido Zernatto. Dort machten sie sich daran, eine Erwiderung auf die Einwände, die der Innenminister vorgebracht hatte, abzufassen. Da trat gegen Mittag

der Baron von Fröhlichsthal, der Erste Sekretär des Bundeskanzlers, ins Zimmer und überreichte Schuschnigg ein Schreiben Seyß-Inquarts, das mit einem Schlag die ganze Lage von Grund auf änderte.
Das besagte Schreiben kam nicht mehr allein vom Innenminister, sondern trug die Unterschriften von Seyß-Inquart und von Glaise-Horstenau und war „im Namen aller Kabinettsmitglieder der Nationalen Opposition“ an den Bundeskanzler gerichtet. Sein Inhalt kam einem Ultimatum gleich. Die Unterzeichner begannen mit dem Vorwurf, die Volksbefragung sei verfassungwidrig, und stellten dem Kanzler folgende Bedingungen:
1. Eine neue Volksabstimmung wird innerhalb einer Frist von vier Wochen abgehalten. Sie wird im Einklang mit Artikel 65 der Bundesverfassung stehen.
2. Mit der technischen Durchführung dieser Volksabstimmung wird der Innenminister Dr. Seyß-Inquart betraut.
3. Die Zusammensetzung der Wahlkommissionen soll so erfolgen, daß in jeder einzelnen ein Vertreter der Nationalsozialisten seinen Sitz hat.
4. Die Möglichkeit der Wahlpropaganda soll allen Parteien, also auch den Nationalsozialisten, zugestanden werden.
5. Für den Fall der Ablehnung der obigen Bedingungen geben die beiden Minister und die sonstigen nationalen Funktionäre ihre Demission und lehnen jede Verantwortung für das weitere Geschehen ab.
6. Diese Bedingungen müssen noch heute, bis spätestens 13 Uhr, angenommen werden.
Der Bundeskanzler gab den in seinem Arbeitszimmer anwesenden Ministern und dem übrigen Personenkreis Kenntnis von diesem Schreiben. Alle waren starr vor Staunen. Sollte es zu einem Zerfall der Regierung kommen? Dem Bundeskanzler blieb also nicht einmal mehr eine ganze Stunde Zeit, um seine Antwort zu entwerfen.
„Es gibt für uns drei Möglichkeiten“, erklärte Schuschnigg:
„Erstens die Möglichkeit der Ablehnung des vorliegenden Ultimatums, verbunden mit dem Rücktritt Seyß-Inquarts und der Minister der Nationalen Opposition sowie der formellen Kündigung des Berchtesgadener Abkommens, unter Bekanntgabe der vorhandenen Gründe für diese Kündigung an die Weltöffentlichkeit. Das bedeutet mit Sicherheit einen Kampf bis aufs Messer, der sich nicht nur im Inneren des Landes abspielt, sondern sich auch gegen eine zu erwartende militärische Intervention des Deutschen Reiches wenden muß.
Zweitens die Möglichkeit einer Annahme der gestellten Bedingungen. Unter diesen Umständen ist eine völlige Regierungsumbildung und das Ausscheiden des Bundeskanzlers aus der Regierung notwendig.
Drittens die Möglichkeit, einen Vermittlungsvorschlag zu machen, der die Bedingungen des Schreibens bis auf die Terminfrage akzeptiert.“
Über diese drei Möglichkeiten kam es zu einer lebhaften Aussprache. Um 13 Uhr erschien Seyß-Inquart, noch immer in Begleitung von Glaise-Horstenau, wieder im Bundeskanzleramt. Die beiden wollten sich danach erkundigen, ob ihre Bedingungen angenommen worden seien. Sie wurden von Amtsdienern gebeten, im Ministerratssaal zu warten, solange die Beratungen im Arbeitszimmer des Bundeskanzlers noch andauerten. Schuschnigg erteilte Zernatto und Schmidt den Auftrag, mit den beiden Ministern Fühlung zu nehmen, sie zu bitten, sich noch zu gedulden, und sie darum zu ersuchen, den für die Annahme des Ultimatums festgesetzten Termin um eine Stunde zu verlängern.
„Ich habe bereits mein möglichstes getan, um den Termin hinauszuziehen“, erwiderte Seyß-Inquart. „Nur mit Mühe habe ich die Verschiebung der Frist von 10 Uhr vormittags auf 13 Uhr durchsetzen können.“
„Ihre Handlungsweise ist ungeheuerlich!“ gab Zernatto zurück. „Sind Sie sich eigent-

lich klar über die Verantwortung, die Sie auf sich laden? Ihre Unnachgiebigkeit kann unabsehbare Folgen haben ..."
„Ich bedaure", antwortete Seyß-Inquart, „doch habe ich die Entwicklung nicht mehr in Händen. Die Entscheidung liegt nunmehr bei der Partei."
Zernatto und Schmidt baten ihn daraufhin, sich mit seinen Auftraggebern in Verbindung zu setzen, um eine Gnadenfrist zu erlangen. Seyß-Inquart ging ans Telefon. Als er einen Augenblick später zurückkehrte, erklärte er, er habe einen Fristaufschub von einer Stunde erreicht.
Schmidt und Zernatto gingen wieder ins Arbeitszimmer des Bundeskanzlers zurück, um ihm diese Nachricht zu überbringen. In der Zwischenzeit waren sich die im Arbeitszimmer des Kanzlers versammelten Personen endlich einig geworden. Auf den Wunsch Schuschniggs hin hatten sie sich für den dritten Eventualfall, also für vermittelnde Gegenvorschläge, entschieden. Die Abstimmung sollte wie vorgesehen am 13. März stattfinden, doch „würde man Rücksicht auf eine Reihe technischer Einwände nehmen, die in dem Schreiben der Nationalen Opposition vorgebracht worden seien". Schuschnigg gab Schmidt und Zernatto den Auftrag, Seyß-Inquart dies mitzuteilen.
„Diese Einschränkungen kann ich nicht zur Kenntnis nehmen", erwiderte Seyß-Inquart steif. „Ich habe nur die Vollmacht, die ganze und bedingunglose Annahme der in meinem Schreiben aufgeführten Bedingungen entgegenzunehmen."
Bestürzt kehren Schmidt und Zernatto zum Kanzler zurück und übermittelten ihm diese Antwort. Von den drei in Aussicht genommenen Möglichkeiten blieben nun nur noch zwei übrig: die Annahme oder die Ablehnung des Ultimatums. Mit beiden Lösungen war in letzter Konsequenz zugleich auch der Rücktritt Schuschniggs verbunden.
Während dieses ganzen Kommens und Gehens hatten sich zahlreiche Leute im Bundeskanzleramt eingefunden, die Neuigkeiten erfahren wollten. Sie drängten sich im Vorzimmer des Bundeskanzlers, in dem sich Hüte und Mäntel auf den Tischen türmten. Alle waren aufgeregt, alle sprachen durcheinander. Die gegensätzlichsten Meinungen waren hier zu vernehmen:
„Denken wir doch an das Belgien des Jahres 1914", sagte der eine. „Nur weil das Land sich wehrte, ist es wiederauferstanden."
„Man muß an die Massen appellieren!" riet ein anderer. „Laßt doch das Heer marschieren! Wir müssen Widerstand leisten bis zum letzten!"
„Nein! Wir müssen die Weltöffentlichkeit aufrütteln und sie zu Hilfe rufen! Paris, London, die Großmächte werden nicht tatenlos einem Mord im Herzen Europas zusehen können. Heute sind wir an der Reihe. Wer wird morgen dran sein?"
In dem allgemeinen Durcheinander fielen Wortfetzen wie „Völkerbund" ... „die Römischen Protokolle" ... „Italien" ... Alle waren sich darüber einig, daß etwas unternommen werden müsse. Aber was? Das vermochte niemand zu sagen ...
Unterdessen war der Aufschub, den Seyß-Inquart gewährt hatte, abgelaufen. Zernatto ersuchte ihn, noch einmal mit der Partei zu telefonieren. Diesmal lehnte Seyß-Inquart ab.
„Aber Sie müssen doch begreifen, daß eine so schwerwiegende Entscheidung nicht in wenigen Minuten getroffen werden kann!"
„Weitere Bemühungen sind aussichtslos", antwortete Seyß-Inquart. „Die Entscheidungsgewalt liegt jetzt anderswo."
„Wo denn?" fragte Zernatto verblüfft.
„In Berlin!"
Diese Bemerkung warf ein ganz neues Licht auf die Lage. Also stand das Reich hinter dem Ultimatum der Nationalen Opposition!
Schmidt und Zernatto waren geradezu niedergeschmettert:
„Dann rufen Sie unter diesen Umständen doch Berlin an", sagten sie mit tonloser

Arthur Seyß-Inquart (links) war die politische Schlüsselfigur während der dramatischen Ereignisse in Wien am 11. März 1938; neben dem österreichischen Innenminister Wiens Polizeipräsident, Michael Skubl.

Stimme zum Innenminister. „Wir müssen unbedingt Klarheit haben und die Wahrheit erfahren!"

Nach einiger Überlegung entschloß sich Seyß-Inquart, Berlin anzurufen. Zehn Minuten später kam er aus der Telefonzelle wieder heraus und hielt ein Stück Papier in der Hand.

„Nun?" fragten die beiden Minister.

„Ich habe mit Göring gesprochen. Dieser ist einen Augenblick fortgegangen, um mit dem Führer zu sprechen. Dann ist Göring zurückgekommen und hat mir seine Antwort diktiert. Er sagte zu mir: „Teilen Sie das Schuschnigg wörtlich mit:

Das Ultimatum gilt nach der erteilten Antwort für abgelehnt. Es ist nun der Rücktritt Dr. Schuschniggs zu verlangen. Mit der Bildung der neuen Regierung ist Dr. Seyß-Inquart zu beauftragen. Die Mehrheit des neuen Kabinetts muß aus Nationalsozialisten bestehen. Die Volksabstimmung wird abgesagt. Eine neue Volksbefragung findet in vierzehn Tagen nach dem Vorbild der Saarabstimmung statt. Sie haben innerhalb einer Stunde Bescheid zu geben. Sollten Sie nach Ablauf der gesetzten Frist nicht angerufen haben, so wird hier angenommen, daß Sie am Telefonieren verhindert sind. In diesem Falle werden wir entsprechend handeln!"

Die drei Männer erstarrten.

„Wollen Sie dem Bundeskanzler diesen Zettel überbringen?" fragte Seyß-Inquart seine Gesprächspartner.

„O nein", antworteten Schmidt und Zernatto fast gleichzeitig. „Das ist Ihre persönliche Aufgabe!"

Seyß-Inquart war verärgert und wurde immer blasser.

„Nun denn", meinte er dann ergeben. „Ich bin nichts als ein historisches Telefonfräulein. Ich habe nur die Nachricht zu überbringen und keinen Einfluß!"

Daraufhin betrat Seyß-Inquart das Arbeitszimmer Schuschniggs und hielt ihm den Zettel entgegen. Der Kanzler überflog ihn und wurde bleich:

„Eine solche Entscheidung geht über meine Befugnisse hinaus", sagte er. „Ich muß sie dem Bundespräsidenten unterbreiten."

Draußen wurde die Menschenmenge immer dichter. Die ganze Innenstadt war schwarz von Menschen. Die Leute warteten. Sie warteten auf irgend etwas. In tosenden Massen wogten sie auf dem Ring hin und her. In den Geschäftsräumen der Deutschen Reichsbahn, die sich im Erdgeschoß des Hotels Bristol befanden, war ein riesiges Hitler-Bild ausgestellt. Gruppen von Demonstranten – in der Hauptsache junge Leute – drängten sich durch die Menge und legten vor dem Bild Blumensträuße nieder. Einige blieben still und wie in tiefster Ergriffenheit stehen, unfähig, sich von dem Bild und den Blumen davor loszureißen. Als die Polizei sie aufforderte, weiterzugehen, formierten sie erneut Marschkolonnen, die dann unter den Rufen „Nieder mit Schuschnigg!", „Nieder mit den Juden!" und „Ein Volk, ein Reich, ein Führer!" die Kärntner Straße auf und ab zogen.
Bald hatten die Nazis die Straße völlig blockiert. Die Lage wurde immer chaotischer. Von Polizeiabsperrungen zurückgedrängt, sammelten sich die Demonstranten auf dem Neuen Markt, in der Tegetthoffstraße und in der Umgebung der Staatsoper. An einigen Stellen schaute die Polizei tatenlos zu, an anderen ging sie gegen die Menge vor. Langsam fuhren Panzerwagen des Heeres mitten in der aufgebrachten Menge auf und ab. Das Gebiet um den Ballhausplatz, das Hauptquartier der Vaterländischen Front und das Rundfunkgebäude standen unter dem Schutz von Maschinengewehren.
Als Schuschnigg bei Bundespräsident Miklas eintraf, hielt dieser ihm eine Verlautbarung entgegen, die gerade vom Deutschen Nachrichten-Büro herausgegeben worden war: „Die Reichsregierung legt Wert auf die Feststellung, daß die Gerüchte, nach denen die deutsche Regierung in Wien ein Ultimatum habe überreichen lassen, jeder Grundlage entbehren. Es handelt sich lediglich um innere Auseinandersetzungen der österreichischen Regierung mit dem deutschen Volk in Österreich, in die die Reichsregierung sich nicht einmischen wird, solange sie dazu nicht von maßgebender Seite aufgefordert wird."
Bundespräsident Miklas wies den Kanzler darauf hin, wie wesentlich diese Verlautbarung von den Worten abweiche, die Seyß-Inquart ihm übermittelt habe. Er war nicht von der Überzeugung abzubringen, daß Seyß-Inquart hier ein Erpressungsmanöver unternahm.
„Wir werden uns doch nicht von einem kleinen Zettel einschüchtern lassen, dessen Gültigkeit uns niemand bescheinigen kann!" erklärte er. „Bevor wir irgend etwas unternehmen, müssen wir Berlin auf diplomatischem Wege um Aufklärung bitten."
Schuschnigg fühlte sich angesichts der unerschütterlichen Ruhe des Bundespräsidenten wieder ein wenig aufgerichtet und fragte sich, ob es nicht letzten Endes doch möglich wäre, bewaffneten Widerstand zu leisten.
Nach seiner Rückkehr ins Bundeskanzleramt rief er den Staatssekretär für die Landesverteidigung, General Zehner, den Staatssekretär für das Sicherheitswesen, Oberst Skubl, und den Chef der Miliz der Vaterländischen Front, Feldmarschalleutnant Hülgerth, zu sich.
„Kann ich mich auf die Polizei und das Heer verlassen?" fragte er. „Die österreichischen Truppen stehen nicht, wie die deutschen, an der Grenze, sondern sind im ganzen Land verstreut", antwortete Zehner. „Deshalb wird ihr Widerstand wenig Aussicht auf Erfolg haben. Man muß damit rechnen, daß Unruhen im Innern nicht allein die Polizei, sondern auch einen Teil des Heeres festhalten werden, daß Brükken und Eisenbahnlinien gesprengt werden, was die Truppenbewegungen noch weiter behindern wird. Für die Aufstellung freiwilliger Hilfstruppen ist es jetzt zu spät. Wenn das Reich angreift, wird die Entscheidung in wenigen Stunden fallen."
„Und die Polizei?"

„Ich kann Ihnen für nichts garantieren", antwortete Skubl, „da die zahlreichen Polizeibeamten und Offiziere, die gerade amnestiert worden sind, der Regierung keineswegs freundlich gesinnt sind."
„Auf alle Fälle steht die Miliz der Vaterländischen Front treu hinter Ihnen", bemerkte Hülgerth mit fester Stimme. „Sie ist zu allem bereit... außer zu einer Aktion gegen Deutschland!"
Im selben Augenblick brachte ein Bote ein Telegramm herein, das die Meldung enthielt, daß an der österreichischen Grenze 200000 deutsche Soldaten zusammengezogen worden seien.
Stumm blickten sich die beiden Staatssekretäre an. Nach kurzer Überlegung rieten sie dem Bundeskanzler zum Nachgeben. Als sie sein Arbeitszimmer verließen, waren sie kreidebleich.
Da jeder Widerstand ausgeschlossen schien, schickte sich Bundeskanzler Schuschnigg ins Unvermeidliche. Er ließ Guido Zernatto und Unterrichtsminister Hans Pernter zu sich rufen und setzte sie von seinem Entschluß in Kenntnis, die Volksabstimmung abzusagen.
„Was sollen wir als Begründung dafür angeben?" fragten ihn die beiden.
„Nach außen hin eine technisch notwendige Verschiebung des Termins; nach innen ein unmißverständliches Ultimatum Hitlers", erwiderte der Kanzler.
Dann ließ er Seyß-Inquart und Glaise-Horstenau kommen und eröffnete ihnen folgendes:
„Teilen Sie bitte Göring mit, daß ich mich im Hinblick auf die innenpolitische Lage seinen Forderungen beuge. Am 13. März wird keine Volksabstimmung stattfinden."
Inzwischen war es etwa 16 Uhr geworden. Schuschnigg, der seit den frühen Morgenstunden in ununterbrochener Spannung gelebt hatte, empfand geradezu ein Gefühl der Erleichterung.
Doch sollte diese Empfindung nicht von langer Dauer sein.
Seyß-Inquart und Glaise-Horstenau eilten ans Telefon. Eine Viertelstunde später kehrten sie zurück. Seyß-Inquart standen Tränen in den Augen. Glaise-Horstenau war nicht weniger bewegt. Der Innenminister reichte dem Bundeskanzler ein Blatt aus seinem Notizblock: ein neues Ultimatum!
„Die Lage ist nur zu retten", erklärte Göring, „wenn der Bundeskanzler sofort zurücktritt und binnen zwei Stunden Dr. Seyß-Inquart zum Bundeskanzler ernannt ist. Wenn Herr Seyß-Inquart nicht bis 18.30 Uhr ernannt ist, erfolgt eine Stunde später, also um 19.30 Uhr, der deutsche Einmarsch in Österreich. Dieser Beschluß ist diesmal unwiderruflich!"
Nur mit Mühe konnte Schuschnigg einen Ausruf des Schmerzes unterdrücken. So sehr er sich auch dagegen sträubte, fühlte er doch, wie der eiserne Griff, mit dem die Deutschen ihn am Hals gepackt hatten, immer fester wurde. Mit einem letzten Aufflackern seines Widerstandsgeistes griff er zum Telefon und verlangte eine Verbindung zum Palazzo Venezia.
Kurz darauf rief eine unbekannte Stimme zurück und gab den Bescheid:
„Der Palazzo Venezia meldet sich nicht!"
Der Bundeskanzler war so bleich wie nie zuvor. Zum erstenmal erkannte er, wie allein er war. Außenpolitisch stand er allein, und im Innern des Landes vielleicht noch mehr. Nach und nach hatte er alle seine Bundesgenossen im Ausland verloren und immer größere Teile der Bevölkerung in die Reihen der Opposition gedrängt. Die Sozialdemokraten standen in der Opposition, weil Schuschnigg sich weigerte, wieder demokratische Verhältnisse herzustellen; die Nationalsozialisten, da sie dem Regime grundsätzlich abgeneigt waren; die Nationale Opposition, weil Schuschnigg auf der Volksbefragung beharrte. Die Monarchisten blieben in der Opposition, weil der Kanzler ein Veto gegen die Restauration der Habsburger einlegte; die Freiwilligen der Heimwehr und des Hei-

Österreichisches Panzerwagenbataillon in „Habachtstellung". Schuschniggs Entscheidung, angesichts der innen- und außenpolitischen Situation keinen militärischen Widerstand zu leisten, „um einen Bürgerkrieg und einen internationalen Konflikt zu verhindern" (so Erwin A. Schmidl), „muß daher nicht nur als menschlich hochstehend, sondern auch als sachlich einsichtig bezeichnet werden".

matschutzes, weil er die Auflösung ihrer Verbände verfügt hatte. Jetzt hatte er nichts mehr in der Hand, nichts, dessen er völlig sicher sein konnte: weder das Heer noch die Polizei, und nicht einmal mehr die Frontmiliz . . .

Alle weiteren Bemühungen, so glaubte er, waren vergeblich. So begab er sich zu Bundespräsident Miklas, um ihm seinen Rücktritt anzubieten.

Als Schuschnigg beim Bundespräsidenten eintraf, fand er diesen in einem Zustand höchster Erregung. Miklas war den Ereignissen des Tages nicht Stunde um Stunde gefolgt und hatte daher nur einen recht verschwommenen Eindruck von den Geschehnissen. Er stimmte der Verschiebung der Volksbefragung auf einen späteren Zeitpunkt zu. (Miklas war immer der Ansicht gewesen, diese Volksabstimmung sei ein Fehler.)

Dagegen weigerte er sich ganz entschieden, das Rücktrittsgesuch Schuschniggs entgegenzunehmen, und mehr noch, Seyß-Inquart an seiner Stelle zum Bundeskanzler zu ernennen.

„O nein!" erklärte er. „Das kommt gar nicht in Frage! Ich kann den Pflichten meines Amtes nicht untreu werden."

Dann folgte eine lange und erregte Aussprache zwischen ihm und Schuschnigg, in deren Verlauf ihm der Kanzler die Gründe, die ihn zu einem Rücktritt nötigten, darlegte.

Mitten in diese Unterredung platzte ein Beamter des Außenamtes mit einer Botschaft aus Rom herein, die gerade entziffert worden war: „Die italienische Regierung stellt fest, daß sie, falls sie konsultiert werden sollte, in der gegenwärtigen Situation keinen Rat zu erteilen vermag."

Damit schwand auch die letzte Hoffnung auf ein Eingreifen Italiens. Vielleicht war das auch besser so, denn angesichts der Entwicklung der Lage hätte ein bloßer Truppenaufmarsch am Brenner nichts mehr genützt. Die italienischen Truppen hätten schon in das Land einrücken müssen; alles spricht dafür, daß das österreichische Volk in diesem Falle geschlossen an die Seite der Wehrmacht getreten wäre, um den italienischen Eindringling zurückzuwerfen. Eine grausame Ironie des Schicksals wollte es, daß Schuschnigg das, worauf er bis vor kurzem seine letzte Hoffnung gesetzt hatte, jetzt gar nicht mehr wünschen konnte ...

Bundespräsident Miklas ließ Seyß-Inquart kommen und forderte ihn in hartem Ton auf, sein Verhalten im Laufe des Tages zu rechtfertigen. Der Innenminister entgegnete, er habe lediglich um eine Verschiebung der Volksabstimmung gebeten und im übrigen nur dem Druck der Ereignisse nachgegeben. Dann erstattete er dem Präsidenten Bericht über seine Telefongespräche mit Berlin. Das alles entsprach wohl der Wahrheit, doch Miklas wollte es nicht glauben. Er verdächtigte Seyß-Inquart, er habe die ganze Geschichte eingefädelt, um aus persönlichem Ehrgeiz anstelle Schuschniggs Kanzler zu werden.

Um 17.26 Uhr ließ Göring, der gar nicht verstand, weshalb die Angelegenheit sich so in die Länge zog, Seyß-Inquart erneut ans Telefon rufen.

„Nun, alles in Ordnung?" fragte Göring. „Sind Sie Kanzler?"

Seyß-Inquart: „Nein ... ich habe dem Bundespräsidenten den Vorschlag gemacht, mir die Kanzlerschaft zu übergeben. Aber ich kenne ihn. Das dauert allgemein drei bis vier Stunden. Was die Partei anbetrifft, so haben wir ... die Formationen der SA und SS angewiesen, daß sie den Ordnungsdienst übernehmen."

Göring: „Also, das geht so nicht! Das geht unter keinen Umständen! Die Sache ist jetzt im Rollen; also bitte, es muß jetzt sofort dem Bundespräsidenten mitgeteilt werden, daß er unverzüglich Ihnen die Macht zu übergeben hätte als Bundeskanzler ... wenn nicht unverzüglich die Forderungen, wie benannt, Sie kennen sie, angenommen werden, dann erfolgt heute nacht der Einmarsch der bereits an der Grenze aufmarschierten und anrollenden Truppen auf der ganzen Linie, und die Existenz Österreichs ist vorbei! Bitte geben Sie uns unverzüglich Bescheid, auf welchem Standpunkt Miklas bleibt. Sagen Sie ihm, es gibt keinen Spaß jetzt ... Der Einmarsch wird nur dann aufgehalten ..., wenn wir bis 19.30 Uhr die Meldung haben, daß der Miklas die Bundeskanzlerschaft Ihnen übertragen hat ... Also, bis 19.30 Uhr Meldung!"

Seyß-Inquart kehrte in Begleitung des deutschen Militärattachés, Generalleutnant Muff, ins Bundespräsidialamt zurück. Muff bestätigte Präsident Miklas die Bedingungen des Ultimatums Görings. Er führte aus, daß um 19.30 Uhr 200 000 deutsche Soldaten in Österreich einrücken würden, falls Seyß-Inquart nicht unverzüglich zum Kanzler ernannt werde. Da gingen Miklas auf einmal die Augen auf:

„Das ist abscheulich!" rief er aus. „Ich werde der Gewalt weichen, ich werde unter der Gewalt fallen, aber ich werde nicht tun, was Sie von mir verlangen!"

Schuschnigg gab sich alle Mühe, ihn zu beschwichtigen. Er bestand darauf, daß der Bundespräsident Seyß-Inquart sofort zum Kanzler ernenne:

„Warten wir nicht so lange, bis uns die Straße dazu zwingt ..."

„Ich will gern einen Versuch unternehmen", erwiderte Miklas. „Ich werde den Präsidenten des Obersten Rechnungshofes, Dr. Otto Ender, zum Bundeskanzler, und Dr. Seyß-Inquart zum Vizekanzler ernennen sowie eine größere Anzahl von Nationalsozialisten ins Kabinett berufen."

Ender aber lehnte die Aufforderung des Präsidenten ab, da er sich nicht imstande fühlte, in einem so schicksalsschweren Augenblick die Regierung zu übernehmen. Und Seyß-Inquart seinerseits äußerte Zweifel daran, daß sich Berlin mit einem solchen Ausweg zufriedengeben werde.

„Das ist ja schrecklich!" rief Miklas. „Nennen Sie mir doch wenigstens einen General, der die Regierung in die Hand nehmen kann!"

„Ich glaube nicht an die Möglichkeit einer solchen Lösung!" erwiderte Schuschnigg.

Da der Präsident jedoch weiter darauf bestand, nannte er den Namen des Generalinspekteurs des Heeres, General von Schilhawsky. Einige Augenblicke später wurde dieser in das Arbeitszimmer des Bundespräsidenten geführt. Schuschnigg fragte ihn, ob er bereit sei, eine neue Regierung zu bilden.
„Nein!" entgegnete Schilhawsky. „Ich bin zu alt dazu und außerdem nur Militär und kein Politiker. Das Beste, was ich tun kann, ist an der Spitze des Heeres auszuharren."
„Glauben Sie mir, Herr Bundespräsident", redete Schuschnigg auf Miklas ein, „es gibt keine andere Lösung als die Ernennung von Seyß-Inquart."
„Sie also auch!"
„Ich kann nicht anders . . ."
„Ich sehe also, daß alle mich jetzt allein lassen! Jetzt, in der schwersten Stunde!" stöhnte der Präsident.
Kostbare Minuten gingen über diesen fruchtlosen Gesprächen verloren.
Um 18.28 Uhr rief Göring seinen Vertrauensmann, Staatssekretär Keppler, ans Telefon, der in Wien die Rolle einer „grauen Eminenz" spielte.
Keppler: „Ich habe Muff gesprochen . . . Er ist jetzt oben gewesen beim Präsidenten; der hat wieder abgelehnt . . ."
Göring: „Wo ist der Muff jetzt?"
Keppler: „Der Muff ist wieder runtergekommen. Seine Aktion war erfolglos."
Göring: „Dann soll ihn (den Bundespräsidenten) der Seyß-Inquart absetzen! Gehen Sie noch mal rauf und sagen Sie ihm ganz glatt, der Seyß-Inquart solle die nationalsozialistische Wache aufrufen, und die Truppen bekommen jetzt in fünf Minuten von mir den Befehl zum Einmarsch!"
Hier wurde das Gespräch einen Augenblick unterbrochen. Kurz darauf war die Verbindung wiederhergestellt, und Göring erkundigte sich voller Ungeduld:
„Ist dort Staatssekretär Keppler?"
Veesenmeyer: „Nein, der ist gerade beim Bundeskanzler. Hier ist Veesenmeyer, Geschäftsträger des Reiches."
Göring: „Beim Bundespräsidenten?"
Veesenmeyer: „Nein, beim Bundeskanzler. Die sind alle zusammen, Bundespräsident und Bundeskanzler."
Göring: „Ich bleibe am Apparat, Veesenmeyer. Es muß jetzt schnell gehen! Jetzt haben wir noch drei Minuten Zeit!"
Nach einer kurzen Wartezeit kam Keppler zurück.
Keppler: „Also ich war noch mal oben beim Präsidenten, und er hat alles abgelehnt."
Göring: „Hat alles abgelehnt! Gut! Dann soll der Seyß sofort anrufen!"
Keppler: „Er kann gleich ans Telefon kommen!"
Göring: „Ja, also, wie ist es?"
Seyß-Inquart: „Ja, der Bundespräsident bleibt noch auf dem alten Standpunkt. Es ist noch keine Entscheidung."
Göring: „Ja, glauben Sie denn, daß in den nächsten Minuten eine Entscheidung fallen kann?"
Seyß-Inquart: „Na, länger als fünf bis zehn Minuten kann das Gespräch nicht dauern. Ich nehme an, daß es fünf bis zehn Minuten noch dauern wird."
Göring: „Passen Sie auf, dann will ich diese paar Minuten noch warten, bis er rauskommt. Dann teilen Sie mir bitte mit Blitzgespräch alles mit, unter Reichskanzlei, wie bisher. Aber es muß wirklich schnell gehen. Ich kann es kaum verantworten, darf eigentlich gar nicht! Wenn das nicht ist, dann müssen Sie eben die Gewalt übernehmen nicht wahr?"
Seyß-Inquart: „Ja, wenn er droht?"
Göring: „Ja!"
Seyß-Inquart: „Ja, ja, dann werden wir schon antreten, nicht!"
Göring: „Rufen Sie mich unter Blitzgespräch an!"
Inzwischen hatte Schuschnigg den Widerstand des Bundespräsidenten überwunden. Als Miklas nicht mehr ein noch aus wußte, unterzeichnete er folgendes Schreiben:
„Gemäß Artikel 86 der Verfassung von 1934 enthebe ich Sie auf Ihren Wunsch

Auf dem „Rücksitz der Geschichte“: Bundespräsident Miklas (links) und Bundeskanzler Schuschnigg (rechts) glitten am 11. März 1938 die Zügel aus den Händen. Die „Staatskarosse Österreich“ wurde von Berlin ferngesteuert, in Richtung „Großdeutschland“.

vom Amt des Bundeskanzlers sowie von der Leitung des Bundesministeriums für Landesverteidigung.
Ferner enthebe ich gemäß Artikel 86 der Verfassung von 1934 die übrigen Mitglieder der Bundesregierung sowie sämtliche Staatssekretäre von ihren Ämtern.
(gez.): Miklas – (gegengez.): Schuschnigg.“
Der Bundespräsident richtete an den Kanzler jedoch die Bitte, er möge vor der Bekanntgabe seines Rücktritts noch eine Erklärung über den Rundfunk abgeben und dem österreichischen Volk die Gründe für seinen Abgang auseinandersetzen. In aller Eile kehrte Schuschnigg daraufhin ins Bundeskanzleramt zurück, um seine Rede abzufassen.
Als er in sein Arbeitszimmer trat, stellte er fest, daß die Türen nicht mehr bewacht waren. Jedermann konnte jetzt nach Belieben hier ein und ausgehen. Im ganzen Gebäude waren kein Dienstpersonal und keine Ordonnanz mehr zu sehen. Ebenso stand es in den anderen öffentlichen Gebäuden. Der gesamte Staatsapparat brach zusammen . . .
„Nun habe ich begriffen!“ sagte er sich mit verkniffenem Lächeln. „Das ist der Einmarsch! Zunächst noch nicht an den Grenzen, sondern am Ballhausplatz, zunächst nicht Wehrmacht – sondern Gestapo!“
Da Göring immer noch nichts aus Wien hörte, fing er an, die Nerven zu verlieren. Um 19.57 Uhr rief er nochmals Seyß-Inquart an:
Göring: „Wie steht es denn?“
Seyß-Inquart: „Herr Dr. Schuschnigg wird im Radio die Mitteilung ergehen lassen, daß ein Ultimatum der Reichsregierung gestellt wurde.“
Göring: „Das habe ich gehört!“
Seyß-Inquart: „Und die Regierung selbst hat sich außer Amt gestellt. General Schilhawsky hat hier das Kommando über das Militär und wird das Militär zurückziehen. Die Herren stellen sich auf den Standpunkt, sie warten auf den Einmarsch.“
Göring: „Also, sie haben Sie nicht betraut?“
Seyß-Inquart: „Nein!“
Göring: „Sondern Sie Ihres Amtes enthoben?“
Seyß-Inquart: „Nein, es ist überhaupt niemand seines Amtes enthoben worden, sondern die Regierung selber hat sich sozusagen von den Geschäften zurückgezogen und läßt die Sache ablaufen . . . Man stellt sich so vor, daß, na, man läßt es drauf ankommen, auf den Einmarsch . . .“
Göring: „Also gut, ich gebe den Befehl zum Einmarsch, und dann sehen Sie zu, daß Sie sich in den Besitz der Macht setzen. Machen Sie die führenden Leute auf folgendes aufmerksam, was ich Ihnen jetzt sage: Jeder, der Widerstand leistet oder Widerstand organisiert, verfällt augenblicklich damit unseren Standgerichten, den Standgerichten einer einmarschierenden Truppe. Ist das klar? . . . einschließlich führender Persönlichkeiten, ganz gleichgültig!“
Seyß-Inquart: „Ja, die haben ausdrücklich den Befehl gegeben, keinen Widerstand zu leisten.“
Göring: „Ja, ganz egal, auch der Bundespräsident hat Sie nicht beauftragt, und das ist auch Widerstand!“
Seyß-Inquart: „Na ja . . .“
Göring: „Gut! Also Sie haben dafür den offiziellen Auftrag!“
Seyß-Inquart: „Ja!“
Göring: „Also, alles Gute! Heil Hitler!“
Mittlerweile hatte Schuschnigg in seinem Arbeitszimmer im Bundeskanzleramt den Text seiner Rundfunkansprache ausgearbeitet. Genau in diesem Augenblick brachte ein Kradmelder ein Telegramm von einem Posten der Grenzpolizei, das die Mitteilung enthielt, daß der Einmarsch der deutschen Truppen begonnen habe – eine dreiste Falschmeldung, aber sie tat ihre Wirkung.
Schuschnigg blieb gerade noch die Zeit, ans Mikrofon zu stürzen und folgende Ansprache zu halten:

Feldmarschalleutnant Ludwig Hülgerth, der Generalkommandant der Frontmiliz (Bildmitte, bei einer Inspektion seiner Truppe) und Vizekanzler Schuschniggs, war zuversichtlich, daß seine Leute bereit seien, für Österreich zu sterben – außer im Einsatz gegen deutsche Truppen.

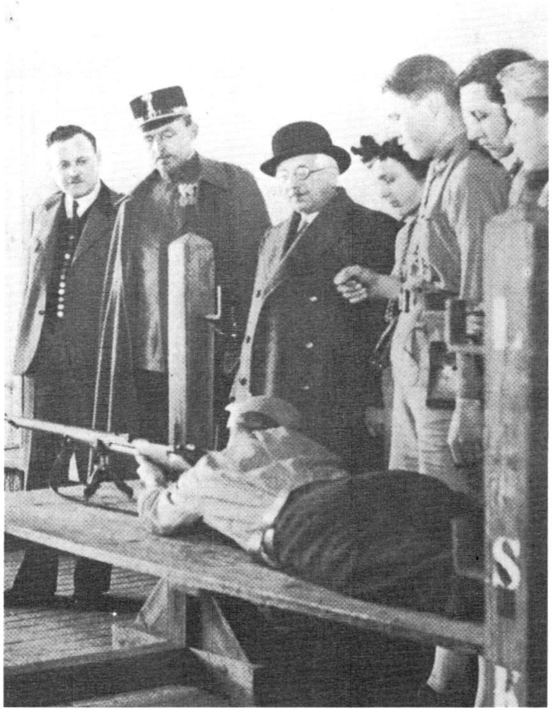

„Österreicher und Österreicherinnen!
Der heutige Tag hat uns vor eine schwere und entscheidende Situation gestellt. Ich bin beauftragt, dem österreichischen Volk über die Ereignisse des Tages zu berichten.
Die deutsche Reichsregierung hat dem Herrn Bundespräsidenten ein befristetes Ultimatum gestellt, nach dem der Herr Bundespräsident einen ihm vorgeschlagenen Kandidaten zum Bundeskanzler zu ernennen und die Regierung nach den Vorschlägen der deutschen Reichsregierung zu bestellen hätte, widrigenfalls der Einmarsch der deutschen Truppen in Österreich für diese Stunde in Aussicht genommen wurde.
Ich stelle fest vor der Welt, daß die Nachrichten, die in Österreich verbreitet wurden, daß Arbeiterunruhen gewesen seien, daß Ströme von Blut geflossen seien, daß die Regierung nicht Herrin der Lage wäre und aus eigenem nicht hätte Ordnung machen können, von A bis Z erfunden sind. Der Herr Bundespräsident beauftragt mich, dem österreichischen Volke mitzuteilen, daß wir der Gewalt weichen. Wir haben, weil wir um keinen Preis, auch in diesen ernsten Stunden nicht, deutsches Blut zu vergießen gesonnen sind, unserer Wehrmacht den Auftrag gegeben, für den Fall, daß der Einmarsch durchgeführt wird, ohne Widerstand sich zurückzuziehen und die Entscheidung der nächsten Stunden abzuwarten.
Der Herr Bundespräsident hat den General der Infanterie Schilhawsky, Generaltruppeninspektor, mit der Führung der Wehrmacht betraut. Durch ihn werden die weiteren Weisungen für die Wehrmacht ergehen. So verabschiede ich mich in dieser Stunde von dem österreichischen Volk mit einem deutschen Wort und einem Herzenswunsch:

Gott schütze Österreich!"

Bundespräsident Miklas war der Auffassung, der Rücktritt Schuschniggs müsse in Berlin günstig aufgenommen worden sein, da der für 19.30 Uhr angekündigte Einmarsch nicht stattfand. Nun, da er nicht mehr unter diesem Druck stand, wollte er sich ein wenig Zeit zum Nachdenken gönnen. Schuschnigg war also nicht mehr Bundeskanzler. Das stand erst einmal fest. Der Präsident weigerte sich jedoch noch immer, Seyß-Inquart an seiner Stelle zum neuen Kanzler zu ernennen. Österreich war infolgedessen ohne Regierung. Niemand wußte mehr, wem er zu gehorchen hatte und welche Anordnungen befolgt werden mußten.
Es war 20.30 Uhr. Seyß-Inquart befürchtete, die Unentschlossenheit des Präsidenten werde schließlich doch noch zu der Katastrophe führen, die im Laufe des Tages nur mit knapper Müh und Not hatte vermieden werden können. Außerdem beunruhigte ihn sein letztes Telefongespräch mit Göring. Daher verlas er über den Rundfunk folgende Bekanntmachung:

„Männer und Frauen in Österreich!
Deutsche Volksgenossen!

Schon vor dem Einmarsch deutscher Truppen hatte die „Machtergreifung" österreichischer Nationalsozialisten auf allen Ebenen stattgefunden. Die Entscheidung Hitlers, dennoch gewaltsam einzugreifen, war, so Erwin A. Schmidl, „zumindest unbedacht, ja unnötig. Am 12. März war eine militärische Operation nicht mehr notwendig; die neue ‚nationalsozialistische' Regierung Österreichs hatte sich rasch und ohne größere Widerstände behaupten können". Im Bild SA-Männer bei der Beschlagnahme von Waffen und Ausrüstung der Frontmiliz.

Im Hinblick auf die Ereignisse des heutigen Tages und unter besonderer Berücksichtigung der Ereignisse, denen wir jetzt entgegensehen, stelle ich fest, daß ich mich als Innen- und Sicherheitsminister nach wie vor im Amt befinde und mich verantwortlich fühle für die Aufrechterhaltung der Ruhe und Ordnung in diesem Land.
Ich fordere alle auf, diese Ruhe und Ordnung zu bewahren. Es gilt, die nächsten Stunden und Tage in einer besonderen Disziplin durchzustehen. Wenn heute Kundgebungen kommen sollten, dürfen sie nie den Charakter exzessiver Demonstrationen annehmen. Insbesondere fordere ich die Ordnungs- und Sicherheitsformationen der Nationalsozialisten auf, dafür zu sorgen, daß überall Ruhe und Ordnung bewahrt wird, und in diesem Sinne auf die eigenen Gesinnungsgenossen einzuwirken.
Ich rechne damit, daß sie die Aufgabe der Exekutive restlos unterstützen und der Exekutive zur Verfügung stehen werden.
Ich erinnere insbesondere auch daran, daß irgendein Widerstand gegen das allfällig einrückende deutsche Heer unter keinen Umständen in Frage kommt, auch nicht seitens der Exekutive, sondern die wichtigste Pflicht die Aufrechterhaltung der Ruhe und Ordnung in diesem Lande ist. Harret aus! Tretet alle zusammen und helft, daß wir einer glücklichen Zukunft entgegensehen!"
Die Straßen der Wiener Innenstadt waren weiterhin von den Volksmassen verstopft. Die Menschen hatten die beiden aufeinanderfolgenden Ansprachen Schuschniggs und Seyß-Inquarts gehört und erwarteten jeden Augenblick das Eintreffen der deutschen Truppen. Während sich die Anhänger Schuschniggs ängstlich versteckt hielten, gaben die Anhänger des Anschlusses ihren Gefühlen freien Lauf. Über dem Rathaus, der Polizeipräfektur und den wichtigsten Gebäuden der Stadt wehten Hakenkreuzfahnen, und kein Polizist machte Anstalten, etwas dagegen zu unternehmen oder die Flaggen einzuholen. Die tollsten Gerüchte machten die Runde: Rudolf Heß und Himmler seien bereits

eingetroffen, Bürgermeister Schmitz und Schuschnigg seien verhaftet worden.
Als die Nacht hereinbrach, wogte die Menschenmenge noch immer über den Heldenplatz und den Ring. Die Stimmung hatte sich jedoch gewandelt. Im Laufe des Vormittags hatte eine fieberhafte, geradezu elektrische Spannung geherrscht, die sich am Spätnachmittag jederzeit in einer gewaltigen Explosion hätte entladen können. Jetzt aber schien die Atmosphäre entspannt zu sein, als ob die ganze Erregung des Tages – die Angst und Besorgnis, der Zorn und die Ungeduld – sich in einem Ausbruch der Freude auflösen sollte. Umzüge formierten sich und zogen durch die Hauptstraßen der Stadt, in Gliedern von sieben bis acht Mann. In der Menge, die ihnen zujubelte, waren zahlreiche Frauen zu sehen. An der Spitze dieser Kolonnen marschierten junge Leute mit Spruchbändern, auf denen zu lesen stand: „Wien erwartet das Kommen seiner Befreier!" Die Gruppen zogen an den Ministerien vorbei, vor denen Abteilungen der Polizei ihren Wachdienst wieder angetreten hatten. Die Demonstranten trauten ihren Augen kaum: Die Polizisten trugen jetzt Hakenkreuz-Armbinden! Der Menge, die ihnen zuwinkte, antworteten sie mit dem Hitlergruß.
Demonstranten hatten die Tafeln, auf denen noch vor wenigen Stunden Bilder Schuschniggs und Wahlparolen der Vaterländischen Front zu sehen waren, umgestürzt. Die Plakate waren abgerissen, die Holztafeln zerschlagen. Manch einer nahm die Reste dieser Holztafeln als Brennholz mit nach Hause.
Vor dem Bundeskanzleramt, das seit kurzem von Verbänden österreichischer SA und SS abgesperrt war, hatte sich eine große Menschenmenge versammelt, die in Sprechchören immer wieder rief: „Es lebe das neue Österreich! Seyß-Inquart auf den Balkon!"
Plötzlich tauchte aus der Innenstadt ein Fackelzug auf. Er bestand aus den verschiedenartigsten Motorfahrzeugen: alten und modernen Privatwagen, Autobussen, Lastwagen, Motorrädern und Lieferwagen; alle waren mit Nazifahnen geschmückt und wurden von Fackeln beleuchtet.
Im Rundfunkhaus traten die verschiedensten Leute vor das Mikrophon, um sich zu dem neuen, nationalsozialistischen Österreich zu bekennen. Einer von ihnen rief aus:
„Nach tausendjähriger Geschichte ist endlich der Tag gekommen, da ein einiges deutsches Volk wiedererstanden ist . . ."
Doch die Krise war keineswegs behoben. Österreich konnte nicht ohne jede Regierung bleiben. In einem Zimmer des Bundeskanzleramtes arbeiteten Seyß-Inquart und Keppler fieberhaft an der Aufstellung der neuen Regierungsliste, die sie so schnell wie möglich Bundespräsident Miklas vorlegen wollten.
Die Verhandlungen zogen sich jedoch endlos hin. Keppler sah mit größter Besorgnis, wie alle Fristen verstrichen, ohne daß er Berlin eine endgültige Antwort erteilen konnte. Um 20.48 Uhr rief er abermals Göring an:
Keppler: „Ich möchte Ihnen kurz berichten. Also Bundespräsident Miklas hat sich geweigert, etwas zu machen. Die Regierung ist aber trotzdem außer Funktion getreten. Seyß-Inquart hat im Rundfunk gesprochen. Er führt als Innenminister die Geschäfte weiter . . . Die alte Regierung hat dem Heer Befehl gegeben, daß es keinerlei Widerstand leistet. Also es darf nicht geschossen werden . . ."
Göring: „Die Hauptsache ist, daß sich jetzt Seyß-Inquart der ganzen Regierung bemächtigt, Rundfunk und alles besetzt hält . . ."
Keppler: „Wir haben ja jetzt die Regierung."
Göring: „Ja, eben, Ihr seid auch die Regierung. Nun passen Sie auf. Folgendes Telegramm soll der Seyß-Inquart hersenden. Schreiben Sie:

Am 12. März 1938, kurz nach Mitternacht, zeigte sich die eben gebildete nationalsozialistische Regierung Seyß-Inquart auf dem Balkon des Bundeskanzleramtes. Hier formulierte der Landesleiter, Hubert Klausner, die Devise: „Ein Volk, ein Reich, ein Führer!"

Die provisorische österreichische Regierung, die nach der Demission der Regierung Schuschnigg ihre Aufgabe darin sieht, die Ruhe und Ordnung in Österreich wiederherzustellen, richtet an die deutsche Regierung die dringende Bitte, sie in ihrer Aufgabe zu unterstützen und ihr zu helfen, Blutvergießen zu verhindern. Zu diesem Zweck bittet sie die deutsche Regierung um baldmöglichste Entsendung deutscher Truppen."

Keppler: „Also es marschieren SA und SS durch die Straßen, es ist aber sehr ruhig..."

Göring: „Also unsere Truppen überschreiten heute die Grenze!"

Keppler: „Ja."

Göring: „Also bitte, legen Sie ihm das Telegramm vor und sagen Sie ihm, wir bitten – er braucht das Telegramm ja gar nicht zu schicken, er braucht nur zu sagen: Einverstanden!"

Keppler: „Jawohl!"

Göring: „Rufen Sie mich zu diesem Zweck an, entweder beim Führer oder bei mir. Also macht es gut! Heil Hitler!"

Seyß-Inquart hatte den Tag damit verbracht, Schuschnigg und Miklas Ultimaten zu überreichen. Jetzt mußte er selbst eines entgegennehmen. Als Keppler ihm die Botschaft Görings überbrachte, erhob er dagegen Einspruch und weigerte sich ganz einfach, die deutschen Truppen zu Hilfe zu rufen. Erstens hatte er nicht die Absicht, nur eine provisorische Regierung zu bilden, sondern wollte ein verfassungsmäßiges Kabinett aufstellen. Und zweitens war glücklicherweise die Lage vollkommen ruhig. Alle seine Bemühungen hatten nur das eine Ziel gehabt, den Anschluß auf verfassungsmäßigem Wege zustandezubringen. Er hatte den Befehl ausgegeben, den Verbänden der Wehrmacht keinerlei Widerstand zu leisten. Weiter würde er nicht gehen, und er hatte nichts Eiligeres zu tun, als dies Schuschnigg mitzuteilen, der noch immer mit dem Bundespräsidenten im Ratssaal saß.

Was ist wirklich geschehen? Hier gibt uns die Geschichte, wie so oft, mehr Rätsel auf, als ein Historiker zu lösen vermag. Seyß-Inquart hat sich später im Nürnberger Prozeß immer wieder gegen die Unterstellung gewehrt, er habe die deutschen Truppen ins Land gerufen. Hatte er sich unklar ausgedrückt? Hatte es ein Mißverständnis zwischen ihm und Keppler (der etwas schwerhörig war) gegeben? Hatte Keppler die Antwort anstelle seines Partners nach Berlin übermittteln wollen, um nur ja keinen Zornesausbruch Görings heraufzubeschwören? Unbestreitbar ist jedenfalls, daß der Abhördienst der Luftwaffe folgendes Gespräch aufnahm, als Reichspressechef Otto Dietrich um 21.54 Uhr Keppler ans Telefon bat:

Dietrich: „Ich brauche dringend das Telegramm!"

Keppler: „Sagen Sie dem Generalfeldmarschall (Göring), daß Seyß-Inquart einverstanden wäre."

Dietrich: „Das ist hervorragend! Ich danke Ihnen."

Keppler: „Achten Sie auf den Rundfunk! Es werden Meldungen durchkommen."

Dietrich: „Von wo?"

Keppler: „Von hier, von Wien aus."

Dietrich: „Also Seyß-Inquart ist einverstanden?"

Keppler: „Jawohl!"

Der Text des Telegramms, das Göring diktiert hatte, wurde daher am nächsten Tage von der gesamten deutschen Presse veröffentlicht, und die Soldaten der Wehrmacht traten ihren Vormarsch in der Überzeugung an, die österreichische Regierung habe sie gerufen.

Im Ministerratssaal hatten sich Schuschnigg, Seyß-Inquart und seine Freunde noch einmal um Bundespräsident Miklas versammelt. „Nochmals", berichtete Schuschnigg, „werden alle zwingenden Gründe erörtert, die allem Anschein nach die Ernennung der Regierung Seyß-Inquart gebieten. Schließlich gibt Miklas nach und unterfertigt die (Regierungs)liste...

Ergänzungen und Vereidigung morgen!"
Seyß-Inquart dankte Schuschnigg von Herzen für die Unterstützung, die er ihm gewährt habe, und bot ihm an, ihn in seinem Wagen zu begleiten:
„Wohin wollen Sie sich begeben?" fragte er ihn. „In eine Botschaft, vielleicht in die ungarische, die gleich gegenüber liegt? Das würde uns den Weg durch die Stadt ersparen."
„Nein", erwiderte Schuschnigg, „ich möchte lieber nach Hause fahren."
„Schön", entgegnete Seyß-Inquart. „Ich werde morgen zu Ihnen kommen. Natürlich stehen Ihnen die Ordonnanz und Ihr Wagen weiterhin zur Verfügung."
Um 23.14 brachte Radio Wien folgende Bekanntmachung:
„Der Bundespräsident hat unter dem Druck der innenpolitischen Lage den Bundesminister Dr. Seyß-Inquart zur Aufrechterhaltung der Ruhe und Ordnung mit der Führung des Bundeskanzleramtes betraut."
Und um 1.15 Uhr verkündete Major Klausner über den Rundfunk:
„In tiefer Bewegung verkünde ich in dieser feierlichen Stunde: Österreich ist frei geworden! Österreich ist nationalsozialistisch! Durch das Vertrauen des ganzen Volkes emporgetragen, ist eine neue Regierung gebildet worden, die nach den Grundsätzen unserer herrlichen nationalsozialistischen Bewegung ihre ganze Kraft für das Glück und den Frieden einsetzen wird. Arbeit und Brot für alle Volksgenossen zu schaffen, wird ihre erste Aufgabe sein. Wieder ist eine nationalsozialistische Erhebung in unvergleichlicher Disziplin verlaufen ... In dieser Stunde gedenken wir in tiefer Dankbarkeit und Liebe unseres Führers Adolf Hitler! Nun wehen die Hakenkreuzfahnen siegreich über seiner Heimat. In Ehrfurcht und Dankbarkeit gedenken wir der Toten der Bewegung, die im Kampfe um Österreich fielen ..."
Kurz darauf folgte ihm der neuernannte Landwirtschaftsminister Anton Reinthaler mit folgender Ansprache:

Hermann Göring (rechts), der Mann hinter Hitler und die treibende Kraft des Anschlusses, dirigierte die österreichischen Nationalsozialisten, allen voran das von sich selbst so genannte „historische Telefonfräulein" Seyß-Inquart, in den entscheidenden Stunden vor dem Einmarsch der deutschen Truppen von Berlin aus.

„Nationalsozialisten und Nationalsozialistinnen!
Selten hat Wien einen solchen Begeisterungssturm erlebt wie heute. Die Machtergreifung durch den Nationalsozialismus, von der wir so oft geträumt haben, ist Wirklichkeit geworden. Von diesem Tage an beginnt für Österreich eine neue Zeit, die Zeit der Schicksalsgemeinschaft mit Deutschland.
Es lebe das Großdeutsche Reich! Heil Hitler!"
Daraufhin verlas Seyß-Inquart, der keine Ahnung von der Botschaft hatte, die Keppler Göring hatte übermitteln lassen, und immer noch hoffte, einen Einmarsch deutscher Truppen vermeiden zu können, die neue Regierungsliste:
„Auf Vorschlag von Bundeskanzler Dr. Seyß-Inquart hat der Bundespräsident folgende Minister ernannt:

Neville Chamberlain, von 1937 bis Mai 1940 Englands Premierminister, protestierte am 14. März 1938 im britischen Unterhaus gegen „die deutsche Einmischung in österreichische Angelegenheiten“ – eine Pflichtübung, über die sich Hitler keine grauen Haare wachsen lassen mußte.

Vizekanzler: Dr. h. c. von Glaise-Horstenau (Nationalsozialist);
Bundesminister für das Auswärtige: Dr. Wilhelm Wolf (Nationale Opposition);
Bundesminister für Justiz: Dr. Franz Hueber (Nationalsozialist);
Bundesminister für Unterricht: Professor Dr. Oswald Menghin (Nationalsozialist);
Bundesminister für Soziale Verwaltung: Dr. Hugo Jury (Nationalsozialist);
Bundesminister für Land- und Forstwirtschaft: Ing. Anton Reinthaler (Nationalsozialist);
Bundesminister für Handel und Verkehr: Staatsrat Dr. Hans Fischböck (Nationale Opposition);
Bundesminister für Finanzen: Dr. Rudolf Neumeyer (wie bisher);
Staatssekretär für das Sicherheitswesen: Oberst Michael Skubl (wie bisher);
ihm beigeordnet: SS-Gruppenführer Dr. Ernst Kaltenbrunner;
Staatsekretär für Angelegenheiten der politischen Willensbildung: Major Hubert Klausner (Nationalsozialist).“

Nun ließ die Spannung ganz plötzlich nach. Die Stadt fand ihre Ruhe wieder, und die Wiener gingen nach diesem Tag voller fieberhafter Erregung endlich zu Bett. Auf den Straßen dröhnte nur noch der eintönige dumpfe Marschschritt von SA und Bundespolizei, die gemeinsam den Ordnungsdienst wahrnahmen.

In Berlin dagegen war die Spannung unaufhörlich gestiegen. Seit den frühen Nachmittagsstunden des 11. März herrschte in der Reichskanzlei eine Atmosphäre wie sonst nur an „großen Tagen“: eine Mischung von Ernst und rastloser Geschäftigkeit. Im Laufe des Vormittags hatte Hitler der Wehrmacht seine „Weisung Nr. 1“ erteilt:

Berlin, den 11. März 1938.
Der Oberste Befehlshaber der Wehrmacht
Betrifft: Unternehmen „Otto“
Streng geheim!

1. Ich beabsichtige, wenn andere Mittel nicht zum Ziel führen, mit bewaffneten Kräften in Österreich einzurücken und dort verfassungsmäßige Zustände herzustellen und weitere Gewalttaten gegen die deutschgesinnte Bevölkerung zu unterbinden.
2. Den Befehl über das gesamte Unternehmen führe ich. Nach meinen Weisungen führen:
der Oberbefehlshaber des Heeres die Operationen zu Lande mit der 8. Armee in der mir vorgeschlagenen Zusammensetzung und Stärke und den aus der Anlage ersichtlichen Zuteilungen der Luftwaffe, der SS und der Polizei;
der Oberbefehlshaber der Luftwaffe die Unternehmungen in der Luft von den mir vorgeschlagenen Kräften.
3. Aufgaben:
a) Heer: Der Einmarsch nach Österreich hat in der mir vorgetragenen Art zu erfolgen. Das Ziel ist für das Heer zunächst die Besetzung von Oberösterreich, Salzburg, Niederösterreich, Tirol, die schnelle Besitznahme von Wien und die Sicherung der österreichisch-tschechischen Grenze.
b) Luftwaffe: Die Luftwaffe hat zu demonstrieren und Propagandamaterial abzuwerfen, österreichische Flughäfen für eventuell nachzuziehende Verbände zu besetzen, das Heer in dem erforderlichen Umfang zu unterstützen und außerdem Kampfverbände zu besonderen Aufträgen bereitzuhalten.
4. Die für das Unternehmen bestimmten Kräfte des Heeres und der Luftwaffe müssen ab 12. März 1938, spätestens 12 Uhr, einmarsch-, beziehungsweise einsatzbereit sein. Die Genehmigung zum Überfliegen und Überschreiten der Grenze und die Festsetzung des Zeitpunktes hierfür behalte ich mir vor.
5. Das Verhalten der Truppe muß dem Gesichtspunkt Rechnung tragen, daß wir keinen Krieg gegen ein Brudervolk führen wollen. Es liegt in unserem Interesse, daß das ganze Unternehmen ohne Anwendung von Gewalt in Form eines von der Bevöl-

kerung begrüßten friedlichen Einmarsches vor sich geht. Daher ist jede Provokation zu vermeiden. Sollte es aber zu Widerstand kommen, so ist er mit größter Rücksichtslosigkeit zu brechen. Übergehende österreichische Verbände treten sofort unter deutschen Befehl.
6. An den deutschen Grenzen zu den übrigen Staaten sind einstweilen keinerlei Sicherheitsmaßnahmen zu treffen.

(gez.:) Adolf Hitler

Das war der erste Befehl, den Hitler der deutschen Wehrmacht in seiner Eigenschaft als ihr Oberster Befehlshaber (offiziell seit dem 4. Februar 1938) erteilte. In diesem Augenblick geriet er in einen Zustand innerer Erregung, der sich von Stunde zu Stunde steigerte. Jahrelang hatte er auf diesen Tag gewartet, und nun fühlte er, daß sein Ziel greifbar nahe vor ihm lag.
Niemals zuvor war er so erregt gewesen, nicht bei der Machtergreifung und auch nicht bei der Besetzung des Rheinlandes. Er schloß sich in der alten Reichskanzlei Bismarcks ein, ließ sich stündlich Lageberichte vorlegen und folgte mit gespannter Aufmerksamkeit der Entwicklung der Lage. Als er erfuhr, daß Bundespräsident Miklas sich noch immer weigerte, Seyß-Inquart zum Bundeskanzler zu ernennen, faßte er um 20.45 Uhr den Entschluß, den Ablauf der Ereignisse zu beschleunigen, und erteilte der Wehrmacht seine „Weisung Nr. 2“:

Berlin, den 11. März 1938, 20.45 Uhr.
Geheime Kommandosache
Oberkommando der Wehrmacht
Betrifft: Unternehmen „Otto“
1. Die Forderungen des deutschen Ultimatums an die österreichische Regierung sind nicht erfüllt worden.
2. Die österreichische Wehrmacht hat Befehl, sich vor dem Einmarsch deutscher Truppen zurückzuziehen und dem Kampf auszuweichen. Die österreichische Regierung hat sich ihres Amtes suspendiert.
3. Zur Vermeidung weiteren Blutvergießens in österreichischen Städten wird der Vormarsch der deutschen Wehrmacht nach Österreich am 12. März bei Tagesanbruch nach Weisung Nr. 1 angetreten. Ich erwarte, daß die gesteckten Ziele unter Aufbietung aller Kräfte so rasch als möglich erreicht werden.

(gez.:) Adolf Hitler

Im Laufe des Nachmittags hatte Hitler einen Bericht von Reichsaußenminister Ribbentrop erhalten, der sich in London aufhielt und von Neville Chamberlain zum Essen eingeladen worden war. Die Mahlzeit war in durchaus freundschaftlicher Stimmung verlaufen. Der Premierminister schien sich über die aus Wien einlaufenden Meldungen nicht zu beunruhigen. Gewiß hatte Lord Halifax dem einstigen deutschen Botschafter in London bei der Gelegenheit zu verstehen gegeben, daß „dieses Drohen mit der Gewalt eine unerträgliche Methode“ sei, doch wurde die Wirkung dieser Äußerung erheblich abgeschwächt, als Chamberlain Ribbentrop sehr liebenswürdig versicherte, „wenn wir alle über diese leidige Angelegenheit hinweggekommen seien und eine vernünftige Lösung gefunden sei, könnten wir hoffentlich die deutsch-englische Verständigung ernsthaft in Angriff nehmen“. Auf alle Fälle würde es den britischen Ministern schwerfallen, der öffentlichen Meinung ihres Landes klarzumachen, warum die Eingliederung Österreichs in das Deutsche Reich – die alle österreichischen Parteien nacheinander gefordert hatten: die Sozialdemokraten im Jahre 1919, die Christlich-Sozialen im Jahre 1931, die Nationale Opposition im Jahre 1938 – in dem Augenblick, da sie in die Tat umgesetzt werde, plötzlich nicht mehr wünschenswert sein solle. Von dieser Seite war also keine besorgniserregende Reaktion zu befürchten. Großbritannien begnügte sich damit, eine Protestnote nach Berlin zu schicken.
In Paris hingegen waren die Machtverhält-

Edouard Daladier, Frankreichs Ministerpräsident 1933, 1934 sowie vom April 1938 bis 1940, kündigte am 11. März 1938 (als französischer Verteidigungsminister) „militärische Maßnahmen“ an, „unter der Bedingung, die britische Zusammenarbeit zu finden“ – eine windelweiche Erklärung, die Hitler nur ein müdes Lächeln kostete.

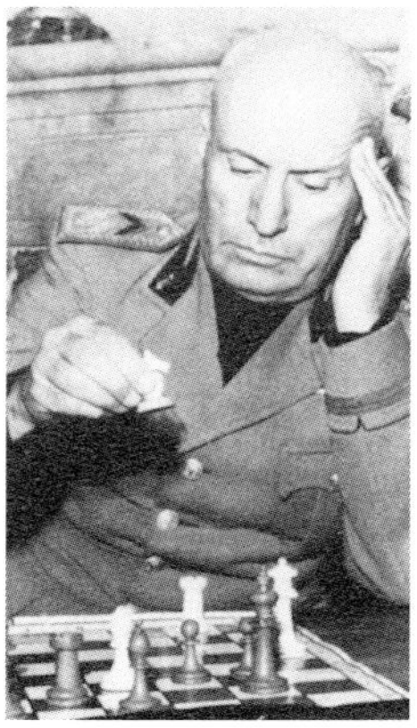

Italiens „Duce“ Benito Mussolini, im März 1938 schon längst ein Gegenspieler Österreichs. Nach dem Anschluß äußerte er sich zufrieden, „daß eine Zweideutigkeit aus der Landkarte Europas gestrichen worden ist.“ Wien war schachmatt gesetzt, nicht zuletzt durch das Einverständnis zwischen Rom und Berlin.

nisse noch immer nicht geklärt. Léon Blum war am Vortage mit der Bildung einer neuen Regierung beauftragt worden, war dabei jedoch auf unerwartete Schwierigkeiten gestoßen. Immerhin beschloß das zurückgetretene Kabinett Chautemps – das nur noch die laufenden Geschäfte erledigte –, „einige militärische Vorsichtsmaßregeln“ zu treffen. Yvon Delbos wandte sich an die italienische Regierung und erkundigte sich, ob die Möglichkeit einer Zusammenarbeit zwischen Frankreich und Italien in der österreichischen Frage gegeben sei. Rom erwiderte auf diese Anfrage kühl, eine solche Möglichkeit bestehe im Augenblick nicht. Daraufhin schlug Edouard Daladier vor, einen oder zwei Reservistenjahrgänge einzuberufen, „allerdings unter der Bedingung, daß England diese Maßnahme billigt“. Da London sie jedoch nicht billigte, wurde kein einziger Reservist eingezogen.
Die Tschechen zeigten sich schon mehr besorgt. Göring ließ Herrn Mastny, den Vertreter Beneschs in Berlin, zu sich kommen und gab ihm sein Ehrenwort, für die Tschechoslowakei bestehe „nicht der geringste Grund zur Beunruhigung“. Daraufhin ließ die Prager Regierung Berlin sogleich wissen, sie werde nicht mobilisieren. An ihren Grenzen waren keinerlei deutsche Truppenkonzentrationen zu beobachten. Prag war beruhigt und sagte sich, es sei immer noch besser, wenn Hitler in Wien stünde und nicht das Haus Habsburg . . .
Blieb noch Italien. Hitler war sehr wohl bekannt, daß Mussolini seit der Ankündigung der Volksbefragung beschlossen hatte, Schuschnigg seinem Schicksal zu überlassen. Doch er fragte sich, ob der Duce seine Meinung in der letzten Minute nicht doch noch ändern werde, und vermochte sich infolgedessen einer gewissen Besorgnis nicht zu erwehren. Aus diesem Grund hatte er den Prinzen von Hessen, einen Schwiegersohn des italienischen Königs Viktor Emanuel III., mit einem Sonderflugzeug nach Rom geschickt, wo er dem italienischen Regierungschef folgende Botschaft überreichen sollte:

Duce!
In meiner Verantwortung als Führer und Kanzler des Deutschen Reiches und auch als Sohn dieser Scholle (Österreich) kann ich nicht länger dieser Entwicklung der Ereignisse untätig zusehen.
Ich bin entschlossen, nunmehr in meiner Heimat Ruhe und Ordnung wiederherzustellen und dem Willen des Volkes die Möglichkeit zu geben, über sein eigenes Schicksal in unmißverständlicher, klarer und offener Weise nach seinem Urteil zu entscheiden.
Möge also das österreichische Volk das eigene Schicksal sich selbst schmieden! Wie auch immer die Art sein möge, in der diese Volksabstimmung vollzogen werden soll, habe ich heute den Wunsch, Sie, Exzellenz, als den Duce des faschistischen Italien, in feierlicher Weise einer Sache zu versichern:
1. Sehen Sie in diesem Vorgehen nichts anderes als einen Akt nationaler Notwehr und daher eine Handlung, die jeder Mann von Charakter an meinem Posten in gleicher Weise vollbringen würde. Auch Sie, Exzellenz, könnten nicht anders handeln, wenn das Schicksal von Italienern auf dem Spiel stünde, und ich als Führer und Nationalsozialist kann nicht anders handeln.
2. In einer für Italien kritischen Stunde, in der Zeit der Sanktionen des Völkerbundes gegen Italien, habe ich Ihnen die Festigkeit meiner Gefühle bewiesen. Zweifeln Sie nicht daran, daß auch in Zukunft in dieser Hinsicht nichts geändert wird!
3. Was immer auch die Folge der nächsten Ereignisse sein möge, ich habe eine klare deutsche Grenze gegenüber Frankreich gezogen und ziehe jetzt eine ebenso klare gegenüber Italien. Es ist der Brenner. Diese Entscheidung wird niemals weder in Zweifel gezogen noch angetastet werden. – Diese Entscheidung habe ich nicht im Jahre

1938 vorgenommen, sondern sofort nach der Beendigung des Großen Krieges, und niemals habe ich daraus ein Geheimnis gemacht ... Die Ereignisse sind für uns alle unerwartet gekommen. Niemand hatte eine Ahnung von dem letzten Schritt des Herrn Schuschnigg, nicht einmal seine Kollegen in der Regierung, und ich hatte bis heute immer gehofft, daß vielleicht im letzten Augenblick eine andere Lösung möglich wäre ...
Mit immer gleicher Freundschaft
Ihr (gez.:) Adolf Hitler

Nun wartete Hitler mit fieberhafter Ungeduld auf eine Nachricht darüber, wie Mussolini diese Botschaft aufgenommen habe. Um 22.25 Uhr läutete in der Reichskanzlei das Telefon. Prinz von Hessen rief aus Rom an:
Hessen: „Ich komme soeben zurück aus dem Palazzo Venezia. Der Duce hat die ganze Sache sehr, sehr freundlich aufgenommen. Er läßt Sie sehr herzlich grüßen. Man hätte ihm die Sache von Österreich aus mitgeteilt; am Montag hätte Schuschnigg es mitgeteilt. Da hätte er gesagt, das wäre eine vollkommene Unmöglichkeit, ein Bluff, man könne so etwas nicht machen. Darauf hätte er ihm geantwortet, das wäre leider schon so festgesetzt und man könne davon nicht abgehen. Dann hätte Mussolini gesagt, damit wäre Österreich eine abgetane Angelegenheit für ihn."
Hitler: „Dann sagen Sie Mussolini bitte, ich werde ihm das nie vergessen!"
Hessen: „Jawohl!"
Hitler: „Nie, nie, nie, es kann sein, was will. Ich bin jetzt bereit, mit ihm in eine ganz andere Abmachung zu gehen."
Hessen: „Jawohl, das habe ich ihm auch gesagt."
Hitler: „Wenn die österreichische Sache jetzt aus dem Wege geräumt ist, bin ich bereit, mit ihm durch dick und dünn zu gehen ..."
Hessen: „Jawohl, mein Führer!"
Hitler: „Passen Sie mal auf – ich mache jetzt auch jedes Abkommen – ich fühle mich jetzt auch nicht mehr in der furchtbaren Lage, die wir doch eben militärisch hatten für den Fall, daß ich in den Konflikt gekommen wäre. Sie können ihm das nur mal sagen, ich lasse ihm wirklich herzlich danken, ich werde ihm das nie, nie vergessen!"
Hessen: „Jawohl, mein Führer!"
Hitler: „Ich werde ihm das nie vergessen, es kann sein, was will! Wenn er jemals in irgendeiner Not oder irgendeiner Gefahr sein sollte, dann kann er überzeugt sein, daß ich auf Biegen und Brechen vor ihm stehe, da kann sein, was da will, wenn sich auch die Welt gegen ihn erheben würde!"
Dieses übertrieben aufgeregte Gespräch ist ein Beweis dafür, wie groß die Freude Hitlers war. Er frohlockte. Der Traum seiner Jugend sollte nun Wirklichkeit werden. Zwar hatte er nicht daran gezweifelt, daß es einmal so weit kommen werde, doch hatte er nie im entferntesten daran gedacht, daß der Anschluß unter so günstigen Voraussetzungen zustande kommen werde: Rom war einverstanden, London wusch seine Hände in Unschuld, und Paris hüllte sich in Schweigen ...
Jetzt konnte er entschlossen auf sein Ziel losgehen: Er wußte, daß Österreich ihm gehörte. Wenige Stunden später überschritten die deutschen Truppen die Grenze, und Flugzeuge warfen tonnenweise Flugblätter über Wien ab mit Texten wie: „Das nationalsozialistische Deutschland grüßt das nationalsozialistische Österreich ..." Man schrieb den 12. März 1938. Österreich kehrte „heim ins Reich".

Hitler in seiner Heimat

Ende März 1938 brachte Reichsbildberichterstatter Heinrich Hoffmann im Berliner „Zeitgeschichte-Verlag“ das Bildwerk „Hitler in seiner Heimat“ heraus. Im folgenden Dokumentarteil zitieren wir aus dem Geleitwort des Reichspressechefs Otto Dietrich. Die ausgewählten Bilder sind mit den Originalunterschriften wiedergegeben.

„Ein Volk, ein Reich, ein Führer“ – wie oft hörten wir diese Parolen in den vergangenen Jahren, wenn deutsche Volksgenossen aus Österreich mit Tränen des Leides in den Augen am Führer auf dem Obersalzberg vorüberzogen. Aus diesem Aufschrei der Sehnsucht eines gequälten Volkes aber wurde in diesen Tagen der Jubelruf der Freiheit, der den Führer wie ein brausender Orkan auf seiner einzigartigen Triumphfahrt durch die befreite Ostmark umgab. Aus dem unglücklichsten Teil des deutschen Volkes wurde sein glücklichster.
Braunau! Geburtsstadt des Führers! Ist es nicht eine wunderbare Symbolik, daß die triumphale Heimkehr Adolf Hitlers hier in seiner Geburtsstadt ihren Anfang nimmt? Die Brücke über den Inn – bisher war sie gewaltsame, sinnlose Trennung zwischen zwei deutschen Ländern, jetzt wird sie für alle Zeiten unvergeßliches Zeichen deutscher Einheit. Die Männer und Frauen von Braunau grüßen ihren größten Sohn mit unbeschreiblichen Jubel. Aus ihren Augen leuchtet der glühende Stolz und die Freude, daß sie die Ersten sein dürfen, die den Führer auf dem Boden der Ostmark grüßen. Langsam fährt der Wagen des Führers vorbei an jenem Haus in dem er vor 49 Jahren dem deutschen Volke geboren wurde.
Die Fahrt von Braunau nach Linz führt durch die schöne oberösterreichische Landschaft, die dem Führer seit den frühesten Tagen seiner Jugend so vertraut ist, führt durch ein einziges Spalier der befreiten Volksgenossen der Ostmark und der Soldaten der geeinigten deutschen Wehrmacht.
Über Ried, Lambach, Wels trifft der Führer am späten Abend in Linz ein, der Stadt, die so entscheidend für sein junges Leben wurde. Heute ist die sonst so friedliche, ruhige Donaustadt in ein Meer von Begeisterung getaucht. Tränen der Freude und der Erlösung strömen dem Führer entgegen. Ein beispielloser Orkan des Jubels umbrandet ihn von allen Seiten, als er durch die Massen fährt. Dann spricht der Führer vom Balkon des Rathauses inmitten seiner Getreuen. Die Begeisterung sprengt alle Vorstellungen bei seinen ergreifenden Worten: ‚Wenn die Vorsehung mich einst aus dieser Stadt heraus zur Führung des Reiches berief, dann muß sie mir damit einen Auftrag erteilt haben, und es kann nur der Auftrag gewesen sein, meine teure Heimat dem Deutschen Reich wiederzugeben.‘
Der Führer sieht das Grab seiner Eltern auf dem stillen Friedhof von Leonding. Die Erde, die es deckt, hat er nun freigemacht und zurückgeführt ins Reich. Und dann, am nächsten Tag, die große Befreiungsfahrt die Donau entlang nach Wien und der triumphale Einzug des Führers in die Hauptstadt der deutschen Ostmark.
Als er dann mit tiefbewegter Stimme vor der Geschichte die größte Vollzugsmeldung seines Lebens erstattet: den Entritt seiner Heimat in das Deutsche Reich, da nehmen die Kundgebungen grenzenloser Freude, unendlichen Dankes und jubelnder Begeisterung auf dem weiten Heldenplatz aufs neue unvorstellbare Ausmaße an.
Zur gleichen Stunde aber rüstet sich schon München, die Hauptstadt der Bewegung, den im Flugzeug zurückkehrenden Führer würdig zu empfangen. Und am nächsten Tage heißen 2,5 Millionen Berliner den Führer in einem einzigen Freudentaumel willkommen. Nur hundert Stunden weilte der Führer fern von Berlin. Aber in diesen hundert Stunden hat er Weltgeschichte gestaltet, hat er dem deutschen Volke das größte und schönste Geschenk gegeben: seine Einheit im größeren Deutschland!
Von Braunau über Linz bis Wien, München und Berlin begleitete ihn der Ruf, das erhabenste Symbol dieser ergreifenden Stunde:
Ein Volk, ein Reich, ein Führer!“

Originalunterschrift: „Der Befreier, aufgenommen in der Nacht zum 13. März 1938 auf dem Balkon des Rathauses in Linz“

Originalunterschrift: „Am Morgen des 13. März in Kiefersfelden“

Originalunterschrift: „Die Schranken fallen“

Originalunterschrift: „Einzug in Kufstein“

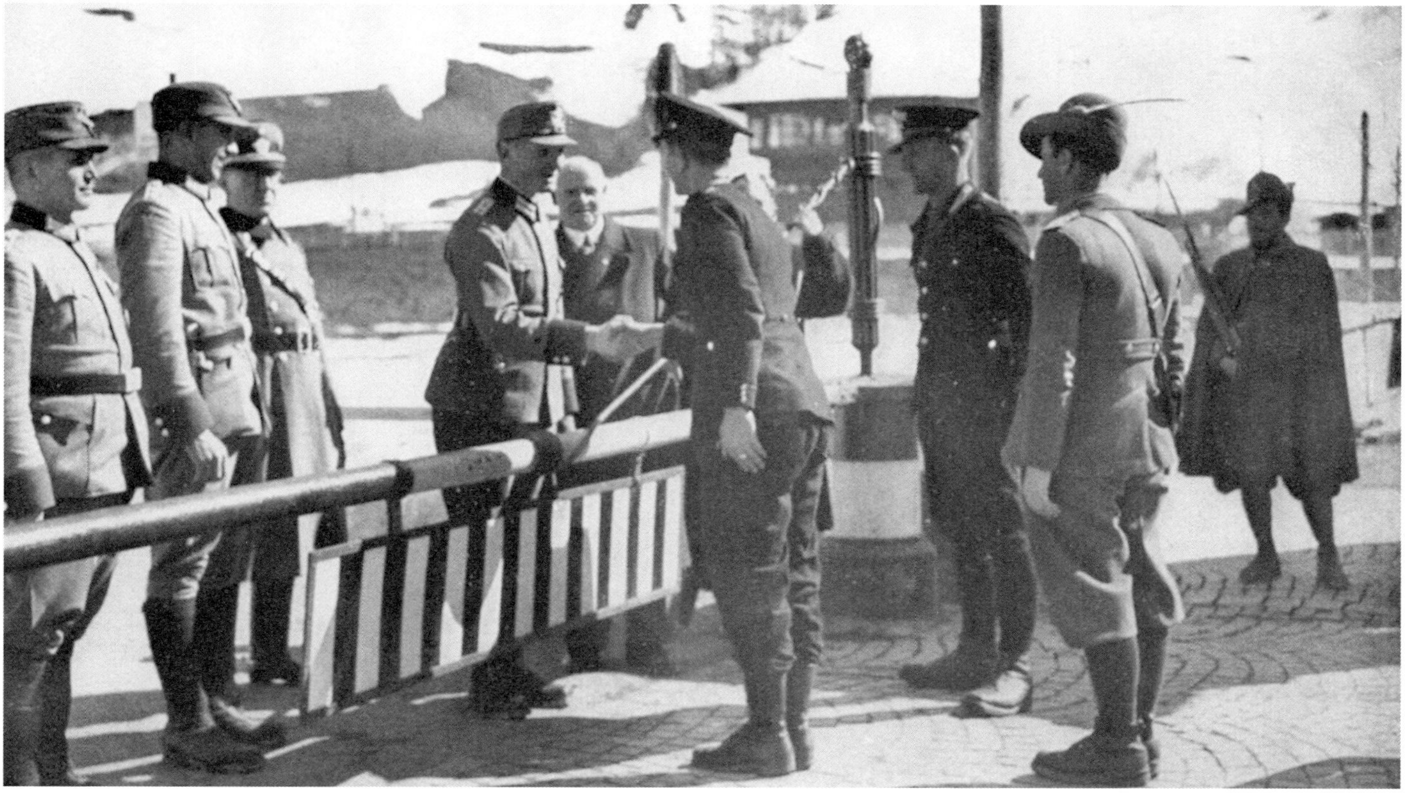

Originalunterschrift: „Am Brenner“

Originalunterschrift: „Begeisterte Menschen auf der Salzachbrücke“

Originalunterschrift: „Salzburg“

Originalunterschrift: „Jubelnde Jugend"

Originalunterschrift: „Abfahrt vom Generalstab in Mühldorf am Inn"

Originalunterschrift: „Hitlers Einzug in seine Geburtsstadt Braunau“

Originalunterschrift: „Der Führer passiert sein Geburtshaus in Braunau“

Originalunterschrift: „Braunau – Der Gruß an den Befreier“

Originalunterschrift: „Der Führer nach vielen Jahren an der Stätte seiner Jugend"

Originalunterschrift: „Am Grabe der Eltern“

Originalunterschrift: „Vor dem Elternhaus in Leonding bei Linz“

Originalunterschrift: „Sein alter Lehrer“

Originalunterschrift: „In Leonding“

Originalunterschrift: „Mittagsrast in St. Pölten"

Originalunterschrift: „Nieder-Österreich grüßt seinen Führer“

Originalunterschrift: „Auf der Weiterfahrt“

Originalunterschrift: „Der Führer grüßt . . .

. . . die marschierenden Kolonnen vor Melk“

Originalunterschrift: „Unterwegs . . .

. . . eine Welle von Liebe und Jubel"

Originalunterschrift: „Schon am 14. März, noch nicht 8 Tage nach Schuschniggs Verrat, stieg der Treueid

der österreichischen Wehrmacht auf den Führer Großdeutschlands zum Himmel“

Originalunterschrift: „Ankunft des Führers auf dem Heldenplatz“

Originalunterschrift: „Am Heldenplatz in Wien proklamiert der Führer unter dem Jubel

der Hunderttausend die neue Mission der deutschen Ostmark“

Originalunterschrift: „Auf dem Weg zum Ehrenmal“

Originalunterschrift: „Unter tosenden Heilrufen der befreiten Wiener verläßt der Führer den Platz“

Originalunterschrift: „Die große Wehrmachtsparade vor dem Führer am 14. März“

Originalunterschrift: „Rechts vom Führer Generaloberst Keitel, Reichsführer der SS Himmler, Generaloberst von Brauchitsch, Generaloberst Milch, General Krauß und Reichsstatthalter Dr. Seyß-Inquart“

Originalunterschrift: „Auf dem Wilhelmplatz drängte sich das Volk von Berlin in Massen wie noch nie“

Originalunterschrift: „Nach noch nicht acht Tagen seit seinem Abflug von Berlin . . .

. . . machte der Führer dem Reichstag die Vollzugsmeldung von der Errichtung Großdeutschlands“

Über die Begleitumstände dieser Heimkehr wurde schon am Beginn des Buches berichtet. Natürlich bedürfen die Bilder der Begeisterung mancher Korrektur. Fotos und Filme sagen ja immer nur das Absolute aus, nie das Relative. Jubelspaliere sind, für sich genommen, unbezweifelbar; doch wer nicht jubelt, sondern zuhause die Koffer packt, wird eben nicht mitgefilmt. In Österreich im März 1938 packten viele die Koffer, sofern sie dazu noch Gelegenheit hatten und nicht sofort verhaftet wurden. Vor allem unter der großen Judengemeinde ging Panik um. Anders als 1933 in Deutschland, als das NS-Regime die Macht übernommen hatte, wußte man 1938 in Österreich von vornherein genau, daß Juden als Menschen zweiter Klasse behandelt werden; schließlich waren die Nürnberger Rassengesetze schon zweieinhalb Jahre in Kraft. Mit 200000 Juden unter sechseinhalb Millionen Einwohnern besaß Österreich einen vergleichsweise weit größeren jüdischen Bevölkerungsanteil als Deutschland mit (1933) 500000 von sechzig Millionen, nämlich beinahe die vierfache Zahl. Daß sie sich nicht mitfreuten, liegt auf der Hand.

Carl Zuckmayer, der seinen Zweitwohnsitz im Salzburgischen 1933 zum Erstsitz hatte erheben müssen, weil er in Deutschland als unerwünscht galt, und der nun im März 1938 von Henndorf aus in die Schweiz flüchtete, beschreibt in seinen Erinnerungen, mit welchen Ängsten die jüdischen Fahrgäste im Abteil sich der Grenze näherten und mit welchen Beklemmungen er selbst dem Moment der Paßkontrolle entgegensah. In einer Szene, die seinem eigenen Stück „Der Hauptmann von Köpenick“ hätte entstammen können, salutierten dann die SA-Männer an der Grenze vor seinem Eisernen Kreuz I. Klasse am Rockaufschlag und ließen ihn unter Heilrufen wieder einsteigen. Aber das war eine Ausnahme, die der Trefferquote 1:100000 in der Lotterie entsprach.

Nicht viele hatten Glück, und die meisten versuchten es gar nicht erst, sei es, weil sie nicht wußten, wohin, sei es, weil sie, wie die reichsdeutschen Juden auch, nicht ahnten, daß die bürgerliche Entrechtung nur erst der vorletzte Schritt war; daß Schlimmeres folgen würde.

Viele andere mußten den hellen Jubeltag ebenfalls als düsteren Schicksalstag erleben: Führer des Republikanischen Schutzbundes etwa, Parlamentarier der Sozialdemokratie, Monarchisten, Freimaurer, Christlich-Soziale, die auf die „österreichische Karte“ gesetzt und früher den Dollfuß-Schuschnigg-Kurs öffentlich verteidigt hatten. Noch war die Tinte kaum trocken unter Hitlers „Anschluß-Proklamation“, da schwärmten bereits Himmlers Sondereinheiten mit vorbereiteten Listen aus und verhafteten eine riesige Zahl derer, die sie als Regimegegner ansahen. Allein in Wien verschwanden binnen Stunden 76000 Menschen in Nazihaft; im Lande insgesamt dürften es 90000 gewesen sein.

Zum Erinnerungsbild gehören auch die widerlichen Straßenszenen, in denen sich der verbreitete österreichische Antisemitismus hemmungslos austobte. Kolonnen gebückter Körper, die unter dem Feixen der Umstehenden mit Zahnbürsten die Straße schrubbten: Wien 1938 ...

Wie sehr das Herz Österreichs gespalten war selbst unter prinzipiellen Hitler-Gegnern, bewies die nachfolgende Volksabstimmung am 10. April 1938, welche das neue Staatsoberhaupt und sein Gauleiter Josef Bürckel weit geschickter als Schuschnigg in Gang setzten. In Deutschland hätte kein Sozialdemokrat mit Ja gestimmt, doch in Österreich gab es unter den Sozialisten viele Großdeutsche ungeachtet ihrer Abneigung gegen das NS-Regime. Karl Renner, Republikaner der ersten Stunde, zu prominent, um überhört zu werden, daher von großem Einfluß, erklärte vor dem Plebiszit, das in Österreich *und* im Reich

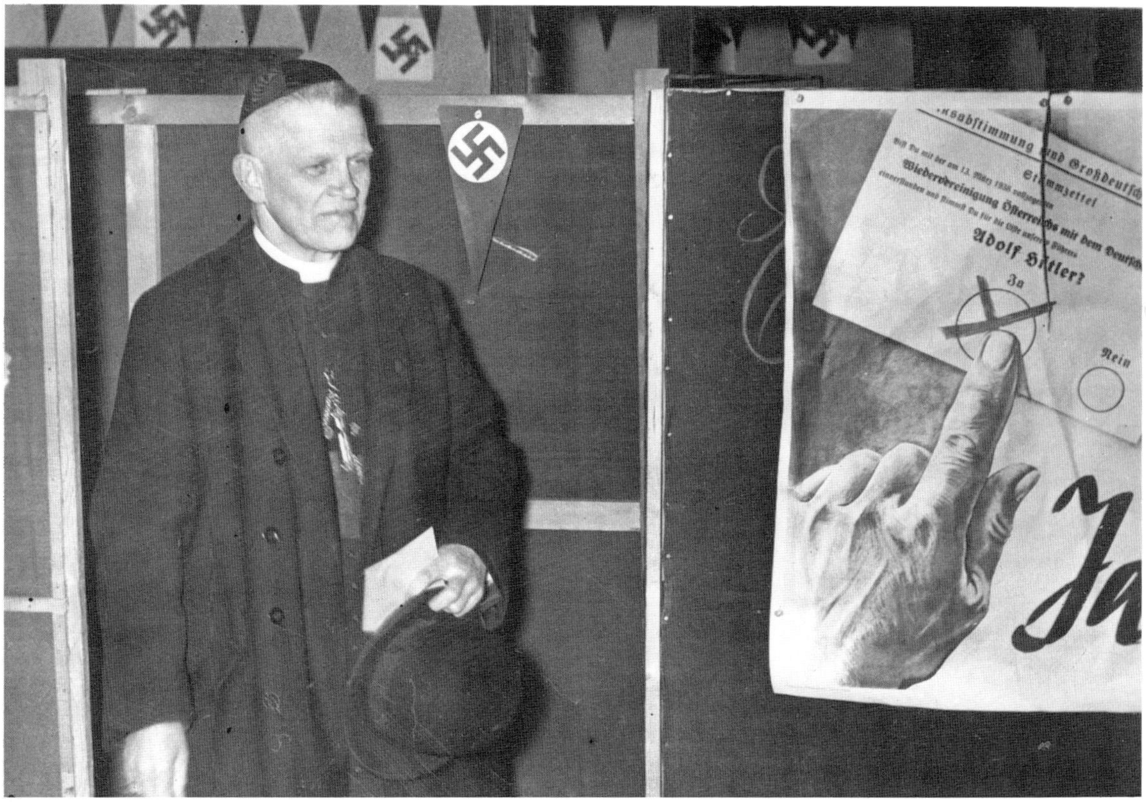

10. April 1938: Volksabstimmung über den Anschluß in Österreich und Deutschland. Zu Hitlers Traumergebnis von über 99 Prozent Ja-Stimmen hatte in Österreich nicht zuletzt auch das klare „Ja“ des Kardinals Theodor Innitzer (links, bei der Stimmabgabe) beigetragen.

abgehalten wurde, in einem Zeitungsinterview:
„Als Sozialdemokrat und somit als Verfechter des Selbstbestimmungsrechtes der Nationen, als erster Kanzler der Republik Deutsch-Österreich und als gewesener Präsident ihrer Friedensdelegation zu Saint Germain-en-Laye werde ich mit ‚Ja‘ stimmen.“
Die katholische Kirche blieb hinter so viel deutschem Gemeinschaftsgefühl nicht zurück, obwohl im vergangenen Jahr 1937 die Enzyklika des Papstes Pius des Elften – „Mit brennender Sorge“ – gegen die kirchenfeindliche Politik im Deutschen Reich ergangen war. Der Erzbischof von Wien, Kardinal Innitzer, der Hitlers Einzug schon eingeläutet hatte, und das österreichische Bischofskollegium gaben am 18. März eine „Feierliche Erklärung“ zur bevorstehenden Volksabstimmung ab. Sie sollte als Hirtenbrief am 27. März von allen Kanzeln verlesen werden:

„Aus innerster Überzeugung und mit freiem Willen erklären wir ... anläßlich der großen geschichtlichen Geschehnisse in Deutsch-Österreich:
Wir erkennen freudig an, daß die nationalsozialistische Bewegung auf dem Gebiet des völkischen und wirtschaftlichen Aufbaus sowie der Sozialpolitik für das Deutsche Reich und Volk namentlich für die ärmsten Schichten des Volkes Hervorragendes geleistet hat und leistet. Wir sind auch der Überzeugung, daß durch das Wirken der nationalsozialistischen Bewegung die Gefahr des alles zerstörenden gottlosen Bolschewismus abgewehrt wurde. Die Bischöfe begleiten dieses Wirken für die Zukunft mit ihren besten Segenswünschen und werden auch die Gläubigen in diesem Sinne ermahnen. Am Tage der Volksabstimmung ist es für uns Bischöfe selbstverständliche nationale Pflicht, uns als Deutsche zum Deutschen Reich zu bekennen, und wir erwarten auch von allen gläubigen

Christen, daß sie wissen, was sie ihrem Volke schuldig sind."

Kann es erstaunen, daß das Volksvotum zugunsten des Anschlusses überwältigend wurde? Wer konnte sich in einem fast rein katholischen Land der Mahnung von der Kanzel entziehen? Nun, und wer nicht zur Kirche ging und auch sonst „dagegen" war, der scheute sich vielleicht, sein gewünschtes Nein-Kreuzchen in der Wahlkabine hinter dem Vorhang abzugeben, um nicht gleich unangenehm aufzufallen, und malte lieber vor aller Augen das Ja. Das ist der Regimedruck in Diktaturen bei äußerlich gewahrten Regeln der Demokratie. Wir kennen das gut von den sozialistischen Ländern. Und trotzdem, die 99,73 Prozent Ja-Stimmen in Österreich (99,08 Prozent im Altreich) sind nicht in einem Atemzug mit den Täuschungs-Plebisziten im Ostblock zu vergleichen. Das ganze Bereitschaftsgut an deutschem Patriotismus, Vereinigungssehnsucht, Verbrüderungsgefühlen (aber auch die neidvolle Bewunderung für den Wirtschaftsaufschwung im Norden, an dem man teilhaben wollte) kam am 10. April 1938 zum Ausdruck.

Die 99 Prozent Ja-Stimmen lassen sich natürlich unterschiedlich interpretieren. Der österreichische Zeitgeschichtler Mikoletzky meint, man könne nicht davon ausgehen, daß „bei voller Freiheit der Opposition die große Mehrheit für den Anschluß gestimmt hätte". Altsozialist Karl Renner äußerte nach 1945, daß damals „gut zwei Drittel des Volkes Hitler den Vorzug vor Schuschnigg gegeben hätte". Der österreichische Historiker Zöllner konstatiert kategorisch: „Die Volksabstimmung am 10. April 1938 brachte das in straff autoritär geführten Staaten übliche, nahezu einstimmige Ergebnis; als halbwegs zuverlässiger Ausdruck der Volksstimmung kann sie naturgemäß nicht gelten."

Gauleiter Joseph Bürckel, der Organisator der Volksabstimmung vom 10. April 1938, durch die die Abänderung des von den Friedensverträgen von Versailles und Saint-Germain-en-Laye geschaffenen Status quo in Europa „abgesegnet" wurde. „Der Status quo", so ein Wort Bürckels, „ist weiter nichts, als eine lateinische Deklaration für ein französisches Frachtgut."

Sein Kollege Andics hingegen urteilt differenzierter. Am 10. April, so Andics, habe es sich Reichskommissar Bürckel sogar leisten können, 25 ausländischen Journalisten in Wien vollständige Bewegungsfreiheit zu garantieren. „Diese fanden bei ihren Streifzügen durch das Wien des 10. April jedoch nichts, was auf Wahlschwindel hätte hindeuten können. In allen Wahllokalen waren genaue Wählerlisten vorhanden. Es gab Wahlzettel, auf denen man ebensogut ‚Nein' wie ‚Ja' stimmen konnte. Es existierten überall Wahlzellen, in denen die Wahlberechtigten bei der Stimmabgabe unbeobachtet blieben. Was verlangte man also noch mehr? Die Legalität der Abstimmung war in jeder Hinsicht gewahrt.

Genau darauf hatte Bürckel hingearbeitet. Er wollte einen echten Sieg. Die vierwöchige psychologische Bearbeitung der Bevölkerung trug ihre Früchte. Von den fast 4,5 Millionen Wahlberechtigten gaben 99,7 Prozent auch wirklich ihre Stimmzettel ab. Und 99,7 Prozent aller Stimmen lauteten auf ‚Ja'.

Angesichts der Kontrolle durch ausländische Journalisten wurde an diesem Resultat später viel herumgerätselt. War es trotzdem das Ergebnis eines ungeheuer raffinierten Betruges? Rückschauend konnte man später sagen, daß Bürckels 99 Prozent das logische Resultat von Hoffnung und Hoffnungslosigkeit, von Vereinsamung und Angst waren.

Hoffnung auf ein Ende der materiellen Not, Hoffnungslosigkeit auf irgendein Ereignis, das den Anschluß rückgängig machen könnte. Vereinsamung und Angst: Wer trotz allem lieber mit ‚Nein' gestimmt hätte, war isoliert. In den vier Wochen des Wahlkampfes hatte es weder eine Gegenpropaganda noch die Möglichkeit der organisierten Übereinkunft unter den Gegnern des Systems gegeben. Die Opposition verfügte über keine Presse, keine Versammlungen, oft nicht einmal über Kontakte untereinander. Dazu kam die Angst: Angst vor der Gestapo. Angst vor Verlust des Arbeitsplatzes. Angst vor der Denunziation. Das galt vor allem für die kleinen Ortschaften auf dem Lande, wo jeder jeden kannte und man voraussehen mußte, daß sich Nachbarn die Herkunft eventueller Neinstimmen gewissermaßen ausrechnen konnten.
In den Städten war es ähnlich. Die meisten Wähler benützten die Wahlzellen erst gar nicht. Wozu auch – sie schrieben ihr ‚Ja' gleich vor dem Wahlleiter ein. Wer trotzdem Anstalten machte, die Wahlzelle aufzusuchen, bekam unter Umständen zu hören: ‚Sie sind doch sicher dafür – also können Sie gleich hier wählen. Das geht schneller ...'
Die Volksabstimmung vom 10. April 1938 war jedenfalls ein Musterbeispiel dafür, *wie totalitäre Regime ihre 99-Prozent-Wahlsiege erzielen konnten, ohne zum direkten Wahlbetrug greifen zu müssen.*"
1938, wie man es dreht und wendet, wollte die Mehrheit der Österreicher den Anschluß und am 10. April 1938 hatte er, trotz Hitlers Panzern, den Schein der Legitimität erhalten. Und trotz und durch Hitler, so muß man sagen, brachte das Jahr 1938 die Vollendung der deutschen Nationalgeschichte, den erfüllten Traum der „Großdeutschen" von 1848, neunzig Jahre danach. Wir wissen natürlich auch, daß in dieser Vollendung schon der Todeskeim lag: durch die Überdehnung des Nationalgedankens hin zur Usurpation, zum Imperialismus und Verbrechen. Es gibt nicht den „guten" und den „bösen" Hitler, geteilt etwa durch die Kristallnacht oder das Jahr 1939. Von Anbeginn wollte und plante er das Äußerste. Aber für eine kurze Spanne Zeit war er mit dem Epochengeist einig, oder dieser mit ihm. Er hätte sonst nicht so umjubelt werden können.
Insofern wird die Geschichte den Zusammenschluß von 1938 – auch aus weiterem Abstand als dem eines halben Jahrhunderts – nicht als von vornherein falsch und irrig ansehen. Wenn wir als Demokraten in Mehrheitsverhältnissen denken, müssen wir zugestehen, daß die Mehrheit damals, auch ohne Demokratie, ihr Ja von Herzen oder aus Obrigkeits- und Glaubenstreue gegeben hat. Das müssen wir als historische Tatsache anerkennen. Hitler erreichte, was selbst Bismarck nicht zuwege gebracht hatte: das Reich (fast) aller Deutschen in Mitteleuropa. Aber der erste wußte mit dem kleinen Reich zu haushalten, der zweite verschwendete das größere. So unterscheidet sich am Ende der große Staatsmann vom großen Ruinierer.

Wahlplakat zur Volksabstimmung vom 10. April 1938 über den Anschluß Österreichs. In Deutschland stimmten „nur" 99,08 Prozent mit „Ja" (in Österreich 99,73 Prozent). Die Geburt „Großdeutschlands" war vollzogen, seine Existenz sollte aber nur sieben Jahre währen.

Der österreichische Widerstand 1938 bis 1945

Jene 200 000 Wiener, die sich am 15. März 1938 auf dem Heldenplatz zur Begrüßung Hitlers einfanden, prägen bis heute das Geschichtsgemälde vom Opferlamm Österreich, das sich vor fünfzig Jahren nur allzu bereitwillig an den großdeutschen Altar führen ließ. Die von der nationalsozialistischen Propaganda gründlich ausgeschlachteten Jubelbilder verdecken den Blick hinter die Kulissen. Dort spielten sich an jenem ereignisreichen Frühlingstag ganz andere Szenen ab: Christen, Freigeister und Juden, konservative, sozialistische und kommunistische Patrioten, die mit geballten Fäusten in ihren vier Wänden hokken und im Geiste den Aufstand proben, während sich draußen die Hände zum „Deutschen Gruß" emporrecken. Am Ende wird der österreichische Freiheitskampf gegen Hitler mehrere tausend Opfer an Hingerichteten und Ermordeten gefordert haben. In den sieben „großdeutschen" Jahren von 1938 bis 1945 verhängten die deutschen Volksgerichte Kerkerstrafen von etwa 80 000 Jahren über 36 000 Österreicher – natürlich nur die politischen Häftling gerechnet. Ihr Kampf war am Ende nicht vergebens, weil er an der Wiedergeburt eines neuen österreichischen Staatsbewußtseins nach dem Kriege einen wesentlichen Anteil hat.

Von der Einzelaktion zur Organisation

Wien Mitte März 1938 – eine Stadt im Freudentaumel? Die Straße gehörte den Jasagern, ohne Zweifel. Einige von ihnen mögen schon am Vormittag des 14. März nachdenklich geworden sein, Stunden bevor Hitler im Triumphzug in die Stadt zurückkehrte, die ihn einst als brotlosen Künstler im Obdachlosenasyl gesehen hatte. Da wurden als Juden bekannte Bürger aus ihren Wohnungen und Büros gezerrt und auf den Straßen und Plätzen zusammengetrieben. Die Wahlparolen Schuschniggs sollten von den Gehsteigen und Häuserwänden verschwinden. Auf den Knien, mit Scheuertuch, Eimer und Klosettbürsten, rutschten jüdische Frauen und Männer auf dem Boden herum, umringt von johlenden Gaffern. Zwei Tage später, am 16. März, eine andere scheußliche Szene: Aus dem Fenster seiner Wiener Wohnung springt der Schriftsteller Egon Friedell in den Freitod, weltberühmt durch seine „Kulturgeschichte der Neuzeit", in ohnmächtiger Verzweiflung und im Wissen, daß die neue Zeit den geschworenen Feinden der Menschheitskultur gehören wird. So wird der Tag der Verkündung des Anschlusses, der 15. März 1938, eingerahmt von zwei tragischen, symbolträchtigen Ereignissen: Der Drangsalierung der österreichischen Juden wird deren Entrechtung, Abschiebung oder physische Vernichtung folgen (ein Drittel der 200 000 „nichtarischen" Österreicher wird zur Auswanderung gezwungen, ihr Besitz wird „arisiert", die anderen enden in Vernichtungslagern, nur 5000 überleben den Holocaust); dem Freitod Friedells wird der Exodus des Geistes aus Österreich folgen, dem Land, dem die Weltkultur so viele unschätzbare Beiträge zu verdanken hat.

Bald rollten die ersten Verhaftungswellen an – von ihnen wurden nahezu 90 000 Österreicher erfaßt. Aus dem Kreis dieser überwiegend nur kurzfristig gefangengehaltenen Männer und Frauen rekrutierte sich der Kern des bald aufkeimenden österreichischen Widerstandes. Als erste Gruppe ging am 1. April der sogenannte

Wien, 14. März 1938: Juden müssen mit Zahn- und Klosettbürsten das Straßenpflaster säubern. Die Stadt sollte vor Hitlers großem Auftritt von den Wahlparolen Schuschniggs „reingewaschen“ werden.

„Prominententransport“ in das Konzentrationslager Dachau ab – ihm gehörten u. a. der spätere Bundeskanzler Leopold Figl und der bekannte Sozialdemokrat Robert Danneberg an; der Wiener Bürgermeister Richard Schmitz, der Vorsteher der Jüdischen Kultusgemeinde Wiens, Desider Friedmann, und Bauernführer Josef Reither. Nach Dachau wurden wenige Tage später auch der Generalsekretär der Vaterländischen Front, Walter Adam, der Präsident des Staatsrates, Graf Hoyos, und der Student und spätere Bundeskanzler Bruno Kreisky verschleppt. Viele von den „99,7 Prozent“ Jasagern, die der Wahltag des 10. April ausweist, fragten sich schon bald, ob sie die richtige Entscheidung getroffen hatten. Das scharfe Vorgehen der Gestapo und die rasante „Überfremdung“ Wiens durch reichsdeutsche Beamte, die die meisten wichtigen politischen und administrativen Positionen besetzten, verstimmte die Bevölkerung. Historisch betrachtet schrumpft die monumentale Großaufnahme von den jubelnden Massen auf dem Heldenplatz recht schnell zur Momentaufnahme. Auf den Wiener Bürgermeistersessel wurde ein Rheinländer gesetzt, als „Reichskommissar für die Wiedervereinigung Österreichs mit dem Deutschen Reich“ fungierte ein Saarländer, während der Österreicher Seyß-Inquart als „Reichsstatthalter in Österreich“ nur eine Theaterrolle bekleidete. Das Amt wurde ohnedies am 1. Mai 1939 aufgelöst und Seyß-Inquart 1940 zum „Reichsstatthalter der (besetzten) Niederlande“ ernannt. Österreich war nun selbst seines prominentesten Nationalsozialisten verlustig gegangen und Wien, die glänzende Hauptstadt des „guten, alten“ Habsburgerreiches, zu einer großdeutschen Provinzstadt degradiert. Dem Jubel folgten die Ernüchterung und die Einschüchterung.

Doch erst einmal beruhigten sich die Gemüter wieder. Das Leben ging weiter, der Touristenverkehr nahm zu, die österreichische Wirtschaft erlebte in den Monaten bis zum Kriegsausbruch eine kurze Blüte, und mit dem „Münchner Abkommen", das den Anschluß der deutschsprachigen Gebiete Böhmens und Mährens im Herbst 1938 bescherte, ging nicht nur ein großdeutscher, sondern auch ein österreichischer Traum in Erfüllung. In dieser Zeit konnte sich der Widerstand noch schwer Gehör verschaffen und äußerte sich in der Regel in Einzelaktionen junger Idealisten. In einem Flugblatt einer „Gruppe Tiroler Patrioten" stand zu lesen: „Tiroler Landsbrüder! Landfremde Eroberer haben uns unser höchstes Gut geraubt: unsere Freiheit, unsere Heimat! 1809 hat Tirol geblutet, weil es sich gegen die Unterjochung fremder Herren auflehnte. Mit Andreas Hofer an der Spitze, haben unsere Großväter das fremde Joch abgeschüttelt. Heute wüten deutsche Eindringlinge in unserer Heimat- ... Leistet Widerstand!"

Das war freilich leichter gesagt als getan. In Österreich – als dem ersten von den Nationalsozialisten okkupierten Land – ergaben sich ganz besondere Schwierigkeiten für die zum Widerstand entschlossenen Menschen. Erstens hatten Deutsche und Österreicher eine gemeinsame Sprache und Kultur, Besatzer und Besetzte grenzten sich nicht durch eine so deutliche Trennungslinie ab, wie sie zwischen Deutschen und Franzosen oder Deutschen und Jugoslawen bestand. Zudem erschwerte die Sprachgleichheit die Geheimhaltung unter den Oppositionellen und oppositionellen Gruppen. Zweitens hatte die Gestapo in Österreich fast eineinhalb Friedensjahre Zeit, systematisch und ungestört alle mißliebigen und der Regimefeindschaft verdächtigen Personen festzunehmen – zum Unglück waren ihr ja mit dem Anschluß auch alle Behörden-, Partei- und Polizeikarteien in die Hände gefallen. Drittens schließlich konnten in Österreich die jungen Jahrgänge kein Reservoir für die Widerstandsbwegung bilden, wie in Rußland, Polen oder Frankreich, weil die Deutsche Wehrmacht alles verschluckte, was Waffen tragen konnte. Die wehrfähigen Österreicher wurden auf fast alle deutschen Divisionen verteilt und hatten an allen Fronten ihren Blutzoll zu leisten – ein effektiver Partisanenkampf war unter diesen widrigen Umständen nicht durchführbar. Viertens schließlich war der österreichische Widerstand in zahlreiche Gruppen verschiedenster Parteirichtung aufgesplittert, zwischen denen nur wenig Kommunikation und fast keine Koordination zustande kam.

Den ersten sichtbaren Ausdruck fand der wachsende Unmut im Land am Rosenkranzfest (7. Oktober 1938) in Wien. Bei einem Abendgottesdienst, den Kardinal Innitzer in St. Stephan zelebrierte, begeisterte der Gedanke an den Jahrestag der Seeschlacht von Lepanto – wo 1571 unter Führung Don Juan d'Austrias ein entscheidender Sieg des christlichen Abendlandes über die Türken erfochten wurde – die Gemüter der Anwesenden zu einem leidenschaftlichen Bekenntnis zur Kirche und zum alten Vaterland. Nach dem Gottesdienst versammelte sich die katholische Jugend Wiens auf dem Stephansplatz zur größten Demonstration, die zwischen 1933 und 1945 innerhalb der Reichsgrenzen stattfand. Die Menge brachte dem Kardinal Ovationen dar, die in den Ruf mündeten: „Wir wollen unseren Bischof sehen!" Am nächsten Tag wurde prompt ein Racheakt organisiert: Hitlerjungen stürmten das Wiener Erzbischöfliche Palais und zerfetzten mit Dolchstößen die großen Gemälde im Stiegenhaus. Nur mit Mühe konnte der Mob von seinen Führern weisungsgemäß daran gehindert werden, der ehrwürdigen Person des Kardinalerzbischofs zu Leibe rücken. Mit diesem Vorfall hatte sich Innitzers Hoffnung, durch eine positive Stellungnahme zum Anschluß die Lage der Gläubigen zu erleichtern, als trügerisch erwiesen. So markiert die Wiener

Rosenkranzdemonstration die Wende des Klerus vom „Appeasement“ zum Widerstand. In den kommenden Jahren erwies sich die Kirche als ein Bollwerk der Opposition, das nicht durch staatspolizeiliche Schikanen und schon gar nicht in geistig-moralischer Hinsicht für das Dritte Reich zu erobern war. 724 österreichische Priester wurden bis 1945 ins Gefängnis gesteckt, 110 Amtsbrüder kamen in Konzentrationslager, 90 von ihnen gingen dort zugrunde; über mehr als 1500 Priester wurde Predigt- und Unterrichtsverbot verhängt. Doch das Hakenkreuz konnte in Österreich über das Kreuz nicht Herr werden.

Zu den herausragenden Köpfen des christlich motivierten Widerstandes gegen Hitler zählten der Klosterneuburger Chorherr Karl Roman Scholz, der noch im Herbst 1938 mit seinem Freund Viktor Reimann die illegale „Deutsche Freiheitsbewegung“ gründete, die sich seit Ende 1939 „Österreichische Freiheitsbewegung“ nannte. Eine gleichlautende „Österreichische Freiheitsbewegung“ formierte sich um Karl Lederer, eine „Großösterreichische Freiheitsbewegung“ um Jakob Kastelic, einem Freund des ehemaligen Bundeskanzlers Schuschnigg. Auch in konservativen akademischen Kreisen bildeten sich Widerstandsgruppen, wie das „Graue Freikorps“, die „Ottonen“ und die Gruppe „Astra“. Das linke politische Spektrum tat sich zunächst schwer, seinen Widerstand zu artikulieren. Die Haltung der Arbeiterschaft war stark von der Wirtschaftslage bestimmt, und zweifellos machten die (aus Gründen der Kriegsvorbereitung) auf Hochtouren gefahrene Produktion und Vollbeschäftigung Eindruck auf sie. Nicht weniger Eindruck machte die öffentliche Erklärung Karl Renners, in der er den Anschluß als einen geschichtlichen Fortschritt anerkannte. Das „Ja“ des prominenten Sozialisten, der im Gegensatz zu den meisten seiner Genossen weder verhaftet noch in ein KZ verschleppt wurde, war freilich taktischem Kalkül entsprungen: Wie Innitzer mit seiner Absegnung des Anschlusses hoffte Renner durch sein „Appeasement“ das Schicksal der Seinen günstig beeinflussen zu können und in Sonderheit seinen Freund Robert Danneberg frei zu bekommen, was sich freilich als Trugschluß erwies. Die Sozialisten blieben teils eingesperrt, teils isoliert, und hatten im Gegensatz zur christlichen Oppostion auch keine staatlich geduldete Macht hinter sich. So kam es für den Anfang nur zu vereinzelten Aktionen, die vorwiegend von den revo-

Die „lange Treppe“ gehörte zu den besonderen Folterstrecken im KZ Mauthausen in Oberösterreich. Unzählige Häftlinge quälten sich hier täglich schwer beladen die Stufen hoch, Tausende starben.

Roman Karl Scholz, Augustinerchorherr des Stiftes Klosterneuburg, war Leiter der „Österreichischen Freiheitsbewegung“, die etwa 400 Mitglieder zählte. Der Widerstandskämpfer wurde am 10. Mai 1944 im Wiener Landesgericht hingerichtet.

lutionären Sozialisten und Kommunisten ausgingen, die schon länger gelernt hatten, sich in der Illegalität zu bewegen. An den Fabrikwänden von Betrieben der Metallindustrie tauchten Parolen auf wie „Nieder mit dem Hitlerismus“ oder „Rotweißrot bis in den Tod!“ – diese Losung war bekanntlich vor dem Anschluß von Schuschnigg ausgegeben worden.

Im Sommer 1939 gelang der Gestapo ein entscheidender Schlag gegen die kommunistischen Widerständler, die bis dahin sogar zwei regelmäßig publizierte Blätter herausgegeben hatten, „Die rote Fahne“ und „Weg und Ziel“. Die Massenverhaftungen und dann noch der Schock, den der Hitler-Stalin-Pakt im August 1939 bei den Kommunisten auslöste, bewirkten eine Lähmung, die erst nach dem deutschen Überfall auf die Sowjetunion – im Juni 1941 – überwunden werden konnte. Die unermüdliche Aktivität der Gestapo und das Denunziantentum kostete auch allen anderen Widerstandsgruppen große Opfer. Zwischen November 1939 und Sommer 1940 wurden mehrere Hundert ihrer Mitglieder verhaftet und der Großteil der leitenden Persönlichkeiten zwischen 1941 und 1945 in KZ's verschleppt oder hingerichtet. So wurden allein die „Österreichischen Freiheitsbewegungen“ von Karl Roman Scholz und Karl Lederer sowie die „Großösterreichische Freiheitsbewegung“ von Jakob Kastelic von einem einzigen Gestapospitzel ans Messer geliefert, dem beruflich wenig erfolgreichen Burgschauspieler Otto Hartmann, der den „Heiligsten Eid, das Geheimnis der Bewegung jederzeit und vor jedermann zu wahren“, nur mit dem Munde geschworen hatte. Mit den Worten „Für Christus und Österreich“ bestieg Scholz am 10. Mai 1944 das Blutgerüst im Landesgericht Wien I. Seinen Klosterneuburger Mitbrüdern hatte er die folgende Abschiedsbotschaft geschrieben: „Man glaube mir: was ich getan habe, das tat ich aus der Not meines Gewissens heraus. Was ich als Christ und Mensch bedauern muß, tut mir herzlich leid. Als Mann und Patriot habe ich nichts zu bereuen.“

Doch mit jedem Opfer vom Kaliber Scholzens erwuchsen dem Nationalsozialismus in Österreich Dutzende neue Gegner. Die Männer und Frauen, die sich nach dem Unglücksjahr 1940 an den Wiederaufbau des Widerstandes machten, waren zum großen Teil bereits durch die Hölle der Gestapokeller und Konzentrationslager gegangen, wie der ehemalige Propagandaleiter der Vaterländischen Front, Hans Becker, oder der Führer der „Astra“, Karl Burian. Sie gingen aufgrund ihrer Erfahrungen härter, entschlossener und taktisch klüger vor als die Träger der Widerstandsbewegung unmittelbar nach dem Anschluß 1938. In der Gewißheit, nie und nirgends vor Verrat sicher zu sein, arbeiteten sie nun nur noch in kleinen Zellen, in Dreier- oder Vierergruppen, zusammen, und erweiterten die Formen ihres antifaschistischen Kampfes um den wichtigen Punkt der „Wehrkraftzersetzung“, also der aktiven Sabotage, womit sich der bürgerliche Widerstand in der Methodik den sozialistischen und kommunistischen Gruppen anschloß. Der widrige Kriegsverlauf seit den katastrophalen Winterschlachten vor Moskau (1941/42) und bei Stalingrad (1942/43) tat das Seinige, dem Widerstand zu größerer Resonanz zu verhelfen. Der Nationalsozialismus verlor mehr und mehr an Überzeugungskraft, und die Maßnahmen gegen die Juden, die Verpflichtung zum Tragen eines diskriminierenden Abzeichens sowie die alsbald einsetzenden Massendeportationen, wurden von der großen Mehrzahl der Bevölkerung abgelehnt. Um den überwiegend freundlichen Umgang der Österreicher mit ihren jüdischen Freunden und Bekannten zu kriminalisieren, wurde die Presse angewiesen, täglich haarsträubende Meldungen der folgenden Art abzudrucken: „Der Volksgenosse Bruckner, Betriebsleiter des Städtischen Ziegelwerks St. Pölten, unterhielt sich am Geburtstag des Führers mit dem Juden Rudolf Israel Bondy auf der Brücke Linzerstraße. Schließlich verabschiedeten sie sich mit einem kräftigen Händedruck... und diesem Judenfreund Bruckner ist eine deutsche Gefolgschaft anvertraut." Kaum jemand, der angesichts solcher widerlicher Artikel nicht wenigstens den Kopf schüttelte. Durch Wehrmachturlauber sickerten Nachrichten über Greueltaten in den besetzten polnischen und russischen Gebieten durch. Die Flüsterpropaganda wußte auch von einem Konzentrationslager auf österreichischem Boden, bei den Granitbrüchen von Mauthausen, zu berichten. Dort fanden bis zum Kriegsende über 120 000 Häftlinge den Tod.

Seit 1941 stiegen die Aktivitäten sämtlicher Widerstandsgruppen an Zahl und Schlagkraft kontinuierlich an. Es kam sogar zur Bildung regelrechter Partisanentrupps. Im Ötztal hatte der Lokomotivführer Hubert Saurwein, der in den Nachrichten der Alliierten bald als „Tito vom Ötztal" gefeiert wurde, eine Kampfgruppe aus sozialistisch und katholisch gesinnten Männern um sich geschart. In Tirol, aber auch in Kärnten und in der Steiermark, mehrten sich Sprengstoffanschläge auf Eisenbahnbrükken und Industrieanlagen. Die Kommunistische Partei rief 1943 bei Trofaiach die „Österreichische Freiheitsfront" (ÖFF) ins Leben, die vorwiegend im Südkärntner Raum operierte und Verbindung zu jugoslawischen Partisanengruppen in Slowenien und Kroatien unterhielt. Unter der Führung des Kaplans der Wiener Pfarre Gersthof, Heinrich Maier, und des Generaldirektors der Semperit-Werke, Franz Messner, hielt eine kleine Gruppe Kontakt zu den Alliierten und zur deutschen Widerstandsbewegung. Maier und Messner wurden im März 1944 verhaftet, zu einem Zeitpunkt, als die Zerstörung Wiens durch alliierte Bomben erst ein relativ geringes Ausmaß erreicht hatte. Die schweren Bombenangriffe auch auf reine Wiener Wohnviertel erfolgten erst nach der Verhaftung dieser Gruppe, und es ist wahrscheinlich, daß erst nach dem Abreißen ihrer Verbindung zu den Alliierten die Bomben ungezielter abgeworfen wurden. Eine Bombe, die 1944 die gesamte Welt aufhorchen ließ, explodierte im Führerhauptquartier bei Rastenburg in Ostpreußen. Man schrieb den 20. Juli.

Vom Aufstand zur Befreiung

Von einer Gruppe, die den Aufstand gegen Hitler probte und probierte, war bislang noch nicht die Rede gewesen: von Angehörigen des Militärs. Das erste „österreichische Widerstandsnest" in der Deutschen Wehrmacht wurde 1942 von dem jungen Wiener Juristen Harald Holl aufgebaut, der eine über das ganze Dritte Reich verzweigte Widerstandsorganisation oppositioneller Offiziere auf die Beine stellte. Da Holl im Winter 1944/45 an der Ostfront verscholl, kam seine Gruppe nicht mehr zu der geplanten Aktion in Österreich. Aber seit Beginn des Jahres 1942 war im Wehrkreiskommando XVII im ehemaligen Wiener Kriegsministerium der Feldwebel Franz Studeny als Leiter einer anderen regimefeindlichen Offiziersgruppe tätig. Zu ihm stieß 1943 der Hauptmann im Generalstab Karl Szokoll, der bald die Führung des militärischen Widerstandes in Österreich übernahm. Szokoll war auch die zentrale Figur bei den Ereignissen des 20. Juli 1944 in Wien, die im Bereich des Wehrkreiskommandos XVII sogar zu einem Erfolg der Aufständischen führten, was dem Kopf des militärischen Widerstands im Reich, Graf Stauffenberg, in Berlin nicht gelungen war. Wäre also Wien statt Berlin die Nervenzentrale des Aufstandes gewesen, hätte der 20. Juli 1944 das Ende des Nationalsozialismus bedeutet.

Wenige Tage vor dem 20. Juli reiste Szokoll nach Berlin, um mit Stauffenberg noch einmal alle Details des Putschplanes durchzugehen. „Na, wird bei euch in Wien alles in Ordnung gehen?", fragte der Graf zum

Hubert Ziegler, Mitglied eines Wiener Widerstandskreises, wurde damit beauftragt, eine „Österreichische Legion" in der Südsteiermark aufzubauen. Bei einem Zusammenstoß mit SS-Truppen ist er im Winter 1944 gefallen.

Robert Bernardis, Oberstleutnant im Generalstab, war Mittelsmann zwischen Stauffenberg und den aufständischen österreichischen Offizieren. Er wurde am 8. August 1944 in Berlin hingerichtet.

Abschied sorgenvoll. Szokoll versicherte: „Es wird in Ordnung gehen.“ Zur Hoffnung bestand einiger Anlaß, denn Stauffenbergs Plan war nicht bloß gut, sondern fast schon genial zu nennen. Er entsprach dem offiziellen Aktionsplan, den der Generalstab des im Reich stationierten Ersatzheeres für den Fall innerer Unruhen ausgearbeitet hatte. Unter dem Decknamen „Walküre“ sollte nun das Heer gegen das Regime mobilisiert werden, ohne daß die militärischen Einheiten überhaupt begriffen, gegen wen sie marschierten. Alles basierte auf der scheinbaren Legalität des Unternehmens – der auslösende Moment für den Putsch sollte Hitlers Tod sein. Nachdem Stauffenberg die Bombe im Führerhauptquartier vor Hitlers Füße gelegt hatte und gegen 15.45 Uhr wieder in Berlin eintraf, war er überzeugt, den Führer getötet zu haben, und löste die Operation „Walküre“ aus. Szokoll wurde von der Berliner Bendlerstraße aus angewiesen, umgehend die wichtigsten Objekte in Wien zu besetzen. Die folgenden dramatischen Ereignisse hat Szokoll 1948 in einem Interview der Wiener „Presse“ geschildert:

„. . . Die großen schmiedeeisernen Tore des ehemaligen Kriegsministeriums am Stubenring fielen krachend ins Schloß, der Wachkommandant ließ scharfe Munition und Handgranaten ausgeben. Vor mir lag eine Kopie des Telegramms, das vor einer halben Stunde aus der Bendlerstraße in Berlin, dem Sitz des Aufstandes, an die 17 Wehrkreise und die Oberkommandanten der Frontarmeen ausgesendet worden war. Dieses und ein nachfolgendes Telegramm hatten ungefähr folgenden Wortlaut: ‚Der Führer Adolf Hitler ist tot. Eine gewissenlose Clique frontfremder Parteiführer hat versucht, der schwer ringenden Front in den Rücken zu fallen und die Macht an sich zu reißen. In dieser Stunde der höchsten Gefahr hat die Reichsregierung den Ausnahmezustand verhängt und mir den Oberbefehl über die Wehrmacht und die vollziehende Gewalt übergeben, welche ich auf die territorialen Befehlshaber übertrage. Folgende Sofortmaßnahmen sind zu treffen: Alle parteipolitischen Funktionäre bis zum Kreisleiter einschließlich sind ihres Amtes zu entheben und in Haft zu nehmen. Alle übrigen Funktionäre bleiben vorläufig im Amt und üben ihre Tätigkeit weiter aus. Die gesamte Waffen-SS ist mit sofortiger Wirkung in das Heer einzugliedern. Weigern sich einzelne Einheiten, so sind sie aufzulösen. Die Konzentrationslager sind beschleunigt zu besetzen, die Entlassung der politischen Häftlinge ist vorzubereiten. Sämtliche Maßnahmen sind möglichst ohne Blutvergießen durchzuführen. Willkür und Racheakte dürfen nicht geduldet werden. Die Bevölkerung soll sich des Abstandes zu den Methoden der bisherigen Machthaber bewußt werden.‘
Gezeichnet waren die Befehle mit: ‚Der Oberbefehlshaber der Wehrmacht, gez. Witzleben, Generalfeldmarschall‘. . . In knapp einer Stunde hatte ich die gesamten Garnisonen und Standorte Wiens, Nieder- und Oberösterreichs alarmiert, und schon liefen die ersten Meldungen über die befohlenen Bereitstellungen und die Besetzungen der Gebäude des Staatsapparates ein. Die zweite der für das Gelingen des Putsches erforderlichen vier Stunden brach heran, alles verlief programmäßig. Noch schlief die vielköpfige Hydra der Partei- und SS-Dienststellen ahnungslos. In den Bureaus des kommandierenden Generals und des Chefs des Generalstabes begannen die Vorbereitungen für die Verhaftungen der Parteifunktionäre, die zu einer dringenden Sitzung in das Generalkommando geladen worden waren. Um Mißtrauen zu vermeiden, wurde das große Tor wieder geöffnet und bald fuhr das erste der großen Luxusautos der Parteiführer in den Hof, dem Gaupropagandaleiter Frauenfeld entstieg. Ich gab der Wache die Weisung: ‚Alle Personen, die nicht Wehrmachtsuniform tragen, sind am Verlassen des Gebäudes zu hindern, im Weigerungsfall festzunehmen,

bei Widerstand ist von der Waffe Gebrauch zu machen.'
Die Art, wie mich der junge, kriegsversehrte Wachkommandant darauf anblickte, war das einzige schöne Erlebnis, das mir dieser verhängnisvolle Tag bringen sollte. Als der nächste Wagen vorfuhr und Gauleiterstellvertreter Scharitzer mit zwei Adjutanten mit Pistolen bewaffnet eintrat, war die Hydra bereits im Erwachen. Der Chauffeur des Wagens weigerte sich, in den Hof einzufahren, die Gesichter der Eintretenden zeigten nervöse Spannung. Durch das Radio wurde die Nachricht von dem mißglückten Attentat auf Hitler bekanntgegeben. Kurz darauf traf ein neues Geheimtelegramm aus Berlin ein: ‚Die durch den Rundfunk verlautbarte Nachricht, daß Hitler lebt, ist unrichtig. Hitler ist dem Attentat zum Opfer gefallen. Gezeichnet Stauffenberg.' Ein Wagen nach dem anderen fuhr vor. Jetzt kamen General der Waffen-SS Querner, der Kommandeur des SS-Oberabschnittes ‚Donau' und Polizeipräsident Gotzmann. Jeder der Angekommenen wurde in ein privates Zimmer geführt und bewacht. Unter Berufung auf die Berliner Zentralstellen wurden ihnen die Pistolen abgenommen. Querner und Gotzmann erklärten sich bereit, an die Seite der neuen Machthaber zu treten. Inzwischen marschierten die Einheiten. In Wr. Neustadt, St. Pölten und den anderen Orten des Wehrkreises marschierten die Heerestruppen und besetzten die Postämter und Bahnhöfe. Noch wußten wir nichts von Remer, noch hielten wir das Attentat für geglückt, noch wußten wir nichts von der weiteren Tragik, daß die Telephonverbindung mit ‚Wolfsschanze', dem Hauptquartier Hitlers in Ostpreußen, entgegen dem Plan keine einzige Minute unterbrochen war.
Wir hielten jetzt den Vorsprung in der Einsatzbereitschaft für groß genug, um den Überraschungsmoment als geglückt ansehen zu können. Von Berlin wurde telegraphiert: ‚Als politische Beauftragte für den Wehrkreis werden eingesetzt Reither, Seitz, Marogna-Redwitz.'
Ich gab den Befehl über die Auflösung der SS, ihre Eingliederung in die Wehrmacht und die Übernahme der politischen Verwaltung durch die Männer des neuen, antinazistischen Regimes für unseren Wehrkreis, den jetzigen Landeshauptmann von Niederösterreich Reither, Altbürgermeister Seitz und den Chef der Abwehrstelle im Wehrkreis Graf Marogna, einem Verwandten von Stauffenberg. Als ich diesen Befehl zur Unterschrift vorlegen wollte, ging ich an dem Zimmer vorbei, in welchem Scharitzer inhaftiert gewesen war. Es stand weit offen und leer. Aus dem Stabszimmer drang mir starkes Stimmengewirr entgegen. Verlegen standen dort Bewacher und Bewachte einander gegenüber, die einen zitternd im Nacherleben der Gefahr, an der sie vorübergegangen, die anderen, die Offiziere, zitternd vor dem Geschick, das sie erwarten sollte, beide Teile noch unfähig, irgend etwas zu unternehmen, irgendwie auf die plötzlich geänderte Situation zu reagieren.
‚Wissen Sie schon von den Verrätern?' rief der Oberstleutnant, der Scharitzer bewacht hatte. ‚Keitel persönlich hat soeben aus dem Führerhauptquartier angerufen. Es ist alles nicht wahr, Hitler lebt wirklich, die in Berlin wollten einen Putsch machen!'
Ich war wie vor den Kopf geschlagen. Wieso war es Keitel möglich gewesen, zur Gegenaktion so rasch auszuholen? Noch hielt ich die Situation für nicht verloren. In die allgemeine Zaghaftigkeit und Unklarheit konnte noch hineingeschlagen werden. Ich raste zu meinem Apparat und ließ mich mit Berlin verbinden.
‚Bitte, Oberst Stauffenberg.' ‚Ja?' Der Klang seiner Stimme sagte mehr als die Befehle Keitels. ‚Durch einen Anruf Keitels läuft die Aktion in Wien nicht mehr weiter. Esebeck (der damalige General, welcher General Schubert vertrat) ist umgefallen. Aber ‚Walküre' ist durchgeführt.

Richard Bernaschek war einer der bedeutendsten sozialistischen Köpfe des österreichischen Widerstandes und seinerzeit Führer des „Republikanischen Schutzbundes". Nach seiner Verhaftung und nach maßlosen Quälereien durch die Gestapo, wo er keinen seiner Mitkämpfer preisgab, wurde er Ende April 1945, kurz vor dem Eintreffen der Amerikaner, im KZ Mauthausen erschossen.

Wien, Anfang April 1945: Während die Rote Armee schon vor den Toren der Stadt stand, rüstete sich das „letzte Aufgebot“ der Nationalsozialisten, die Hitlerjugend, für den Straßenkampf.

Noch ist alles unklar. Ich bitte um Weisungen ...‘
Einen Moment war es still, dann hörte ich wieder seine Stimme, seine müde Stimme. Es war wohl das letzte Telephongespräch, das er führte: ‚Ihr werdet doch nicht auch schlapp machen wollen‘, und dann wurde das Gespräch unterbrochen. Als ich wieder ins Chefzimmer zurückkam, noch schwankend, ob ich nicht trotzdem bei uns alles weiterführen sollte, wurde einem der verhaftet gewesenen Gestapohäuptlinge gerade der Hausgebrauch des Telephons von seinem ‚Bewacher‘ schlotternd und zuvorkommend gezeigt. ‚Morzinplatz? Ja! Ganze Kartei auflösen! Sofort!‘
Die Hydra war zu neuer, grauenvoller Tätigkeit erwacht. Hunderte wurden noch in jener Nacht verhaftet ...“
Glücklicherweise zählte Szokoll selbst nicht zu den Hunderten Verhafteten – die Gestapo hatte keine Ahnung, daß er der einzige österreichische Offizier in Wien gewesen war, der aktiv an der Verschwörung teilgenommen hatte. Der Putsch war zusammengebrochen, aber nicht der Geist des Widerstandes. Achteinhalb Monate sollte der elendige Krieg in Europa noch währen. Solange die Hoffnung bestand, ihn auch nur um wenige Wochen oder Tage abzukürzen, konnte und mußte der Kampf der österreichischen Patrioten gegen das Hitlerregime weitergehen.
In dieser Zeit, der Endphase des Krieges und Widerstandes, gelangen die längst überfällige Koordination und schließlich die Sammlung der Hauptwiderstandsgruppen in Österreich zu einer gesamtösterreichischen Widerstandsfront. Als ihre Zentralstelle fungierte die von Hans Bek-

ker aus der Taufe gehobene Organisation „O 5“, die sich nach den Anfangsbuchstaben des Wortes „Oesterreich“ (5 = e, der 5. Buchstabe des Alphabets) nannte. Ihr sind die verhältnismäßig reibungslose Machtübernahme durch die Widerstandsgruppen während der letzten Tage des Dritten Reichs in Österreich und die Gründung eines politischen Leitungsgremiums, des „Provisorischen Österreichischen Nationalkomitees“ (POEN) zu danken. Das POEN verstand sich als Untergrundregierung Österreichs, knüpfte Kontakte zur amerikanischen, britischen und französischen Regierung sowie zum alliierten Hauptquartier in Caserta und erreichte am 18. März 1945 die offizielle Anerkennung durch den französischen Ministerrat. In jenen Tagen war Österreich Kriegsschauplatz geworden; vom Osten rückte die Rote Armee auf Wien vor, von Italien kamen die Briten nach Kärnten, amerikanische Truppen drangen nach Tirol, Salzburg und Oberösterreich. Aktionen der Widerstandsbewegung, die besonders in Tirol und im Salzkammergut in Erscheinung treten konnte, kürzten vielfach die sinnlos gewordenen Kämpfe ab und verhinderten noch weitere Verwüstungen.

Als die Rote Armee in den ersten Apriltagen vor Wien stand, unternahmen österreichische Offiziere des Wiener Wehrkreiskommandos den Versuch, die Übergabe der zur Festung erklärten und von totaler Zerstörung bedrohten Stadt an die Russen zu gewährleisten. Wenige Stunden vor dem Losschlagen wurde der Aufstandsplan, den niemand Geringerer als Karl Szokoll ausgearbeitet hatte, an das deutsche Oberkommando verraten. Major Karl

Die letzten Stunden des „Tausendjährigen Reiches“ sind angebrochen: Vor den Russen zurückweichende Landser ziehen am Wiener Parlamentsgebäude vorbei (oben). „05“ – ein Flugblatt der österreichischen Widerstandsorganisation, das vorwiegend in Wien und Innsbruck verteilt wurde (unten).

Rudolf Raschke (oben), Kommandant der Aufständischen im Gebäude des Wiener Wehrkreiskommandos am 6. April 1945, wurde zwei Tage später in Wien-Floridsdorf hingerichtet, ebenso sein Freund und Mitverschworener Major Karl Biedermann (rechts).

Biedermann, Hauptmann Alfred Huth und Oberleutnant Rudolf Raschke, die dem Zugriff der Gestapo zum Opfer fielen, bezahlten ihren Mut mit dem Leben. Szokoll gelang es abermals, obgleich er nun als Widerständler enttarnt war, sich der Verhaftung zu entziehen. In seinem Buch „Der Ruf des Gewissens" erinnert sich Otto Molden, als führendes Mitglied des „Grauen Freikorps" selbst ein aktiver Widerstandskämpfer, an die letzten Tage Wiens unter nationalsozialistischer Herrschaft:
„Wenn auch der Aufstand in Wien selbst infolge des Verrates mißlungen und in seinen Anfängen erstickt worden war, so gelang es trotzdem, die Idee, die dem Aufstand als Ausgangsbasis zugrunde lag, zu verwirklichen: nämlich den Kampf um Wien wesentlich abzukürzen. Dies erfolgte dadurch, daß die russischen obersten Kommandostellen den Vorschlag Szokolls annahmen, die Hauptkraft der SS-Truppen durch einen frontalen Scheinangriff vor der Stadt zu binden und mit dem Hauptkontingent ihrer Truppen im Raum Baden–Mödling an Wien vorbei nach St. Pölten durchzustoßen. Erst mit Erreichen der nördlichen Wienerwaldgrenze schwenkte dann dieser Stoß nach Osten um und nahm über die nördlichen und westlichen Vororte Wiens den Weg in die Stadt.
Dieser Plan war seinerzeit in den ersten grundlegenden Besprechungen durch den Oberfeldwebel Käs im Hauptquartier von Sowjet-Marschall Tolbuchin vorgetragen worden.
Der siebenjährige Kampf um Wien, von der österreichischen Widerstandsbewegung jahrelang als erbitterter Untergrundkrieg geführt, ist mit einem blutige Inferno zu Ende gegangen. Schauerlich beleuchtet von der Riesenfackel der brennenden Stephanskirche vollzog sich der Auszug der SS und der nationalsozialistischen politischen Führer und mit ihnen einer dieser Stadt zutiefst fremden Mentalität kalter Brutalität und Menschenverachtung. Einige Tausende von sogenannten Volksgerichten hingerichtete, von militärischen Standgerichten erschossene oder in aller Stille ermordete Wiener säumten den blutigen Weg durch die fünfundachtzig Monate der nationalsozialistischen Herrschaft in Wien, deren letzte Tage nun auch für die übrigen Teile Österreichs angebrochen waren."

Österreichs Wiedergeburt

Der Traum einiger führender Nationalsozialisten, den Raum zwischen Salzburg und Gardasee als letztes Refugium des Großdeutschen Reiches zur „Alpenfestung" zu erklären, blieb ein Planspiel. Am 23. April erschien erstmals wieder eine von Österreichern für Österreicher gestaltete und herausgegebene Zeitung in Wien mit dem programmatischen Titel „Neues Österreich". Sie konnte in ihrer ersten Nummer über die Bildung einer demokratischen Wiener Gemeindeverwaltung mit dem späteren Bundespräsidenten General a. D. Theodor Körner an der Spitze berichten. Während in Berlin noch der Todeskampf des Dritten Reichs tobte, wurde am 28. April die Wiederherstellung der Republik Österreich proklamiert. In der besagten ersten Ausgabe des „Neuen Österreich" stand zu lesen: „Österreicher! Zum ersten Mal seit sieben Jahren dürft ihr nun wieder in aller Öffentlichkeit mit diesem uns allen so teuren Namen angesprochen werden. Die von Millionen Menschen unseres Vaterlandes so lange und so heiß ersehnte Stunde der Befreiung von der nazistischen Zwangsherrschaft ist gekommen. Es sind ungeheure Aufgaben, die wir zu meistern haben. Wir werden sie lösen, wenn die Einheit des Volkes, deren Grundlagen schon im gemeinsamen Widerstand gegen den Naziterror geschaffen wurden, jetzt auf jede Weise gefördert und gefestigt wird."
Die 36 000 Männer und Frauen, die ihr Leben für ein freies Österreich hingaben, hatten dafür den größten Beitrag geleistet.

Ich habe
mit den
Bolschewiken
paktiert!

SCHLUSS

Als Soldaten der Wehrmacht waren der spätere deutsche Bundespräsident Richard von Weizsäcker und der spätere österreichische Bundespräsident Kurt Waldheim dem gleichen Eid verpflichtet: „Ich schwöre bei Gott diesen heiligen Eid, daß ich dem Führer des Deutschen Reiches und Volkes Adolf Hitler, dem Oberbefehlshaber der Wehrmacht, unbedingten Gehorsam leisten . . .

Zweimal hat Österreich an der Seite Deutschlands den Krieg verloren. Die erste Niederlage hinderte die Österreicher nicht, sehnsuchtsvoll nach Wiedervereinigung zu rufen; beim zweiten Mal wollte Österreich nichts lieber, als nie dabeigewesen zu sein, wünschte die Trennung und schob alles Deutschsein weit von sich fort. Die Denkweise ist beidemal verständlich, an den jeweiligen Umständen gemessen. 1918 wurde die zum Kleinstaat geschrumpfte bisherige Monarchie zum Mitschuldigen gestempelt und demgemäß auf die Anklagebank in Saint-Germain-en-Laye gesetzt; das total ruinierte Land erkannte in dem gleichfalls am Boden liegenden Brudervolk zumindest einen existentiellen Rückhalt in der Not. 1945 bot sich demgegenüber von Anbeginn die Möglichkeit, aus dem gemeinsamen Zusammenbruch herauszukommen, ohne bestraft zu werden. Das hatten die Alliierten schon 1943 signalisiert. Die Österreicher glichen dadurch den Schiffbrüchigen in einem Rettungsboot, welches mit äußerster Kraft aus dem Sog des untergehenden Dampfers wegstrebt.

Die rettende Klausel war mitten im Krieg in Moskau formuliert worden. Eine alliierte Dreierkonferenz im Kreml hatte am 31. Oktober 1943 folgende Deklaration erlassen:

„Die Regierungen Großbritanniens, der Sowjetunion und der Vereinigten Staaten von Amerika kamen überein, daß Österreich, das erste freie Land, das der Hitlerschen Aggression zum Opfer gefallen ist, von der deutschen Herrschaft befreit werden muß. Sie betrachten den Anschluß, der Österreich am 13. März 1938 von Deutschland aufgezwungen worden ist, als null und nichtig.“

Hatten insbesondere die Engländer, als Konferenzteilnehmer in Moskau, völlig vergessen, daß die Mehrheit der Österreicher 1938 den Anschluß bejaht hatte? Hatten sie vergessen, was damals in der „Times“ zu lesen gewesen war, aus der Feder des Wiener Korrespondenten?: „Vom Londoner Blickwinkel gesehen, mag der deutsche Marsch über die Grenze wie ein Akt der Aggression aussehen. Von hier aus gesehen, sind die Truppen als Brüder gekommen, um Österreich zu retten.“ Und ähnlich hatte es ja landauf, landab durch die internationale Presse geklungen.

Nein, sie hatten es bestimmt nicht vergessen, aber die Staatsräson verlangte jetzt, ein anderes Bild der Vergangenheit zu zeichnen, um die territoriale Entmachtung Deutschlands, die Verkleinerung seines Umfanges, zu rechtfertigen. Dieser Kraftprotz in der Mitte Europas mußte zerlegt werden, damit er nicht von neuem gefährlich werden konnte, und dazu mußte der Anschluß Österreichs von 1938 revidiert werden. Die Österreicher würden ihrem neuerlichen „Ausschluß“ aus Deutschland gewiß zustimmen, wenn man sie von Mitschuldigen zu Opfern erhöbe.

Wer läßt sich solche Chance entgehen? Eine Gnade des Schicksals, so mußte es erscheinen. Felix Austria trägt ihren Namen anscheinend zu Recht. . .

Den Willen zur Eigenständigkeit (mit berechtigten Hoffnungen auf rasche Sieger-Aufbauhilfe) kann den Österreichern unter solchen Voraussetzungen niemand verübeln, der den zerschmetternden Zusammensturz Deutschlands 1945 miterlebt hat. Unangenehm und peinlich wirkte nur, wie alles „Deutschsein“, die 1000jährige gemeinsame Geschichte und Kultur, plötzlich verdrängt, verfemt, vergessen wurde,

gemieden wie eine Seuchenstation. Sogar das Schulfach Deutsch wurde in grotesker Berührungsscheu in „Unterrichtssprache“ umgetauft.
Tatsache ist, daß in den vier Jahrzehnten seit Kriegsende nun wirklich so etwas wie eine „Nation Österreich“ herangewachsen ist, mit ausgeprägtem Eigensein. Dabei bleibt andererseits ebenso gültig, daß es Kulturbindungen gibt, die beiden Seiten nie als Gemeinschaftsbesitz verlorengehen können. Sonst müßten wir – um nur den hierfür markantesten Kunstbereich zu nennen – alle Musik von Haydn, Mozart, Beethoven, Schubert bis zu Brahms und Bruckner als österreichisch deklarieren und als „deutsch“ verleugnen. Solch Verlangen wäre absurd. Aber richtig ist zugleich: Der Anschlußgedanke ist tot – gestorben an nationalistischem Überwahn.
Einige Schlußgedanken freilich können wir uns miteinander – Autor und Leser – nicht ersparen: darüber, daß geschichtliche Gunst, wie sie der zweiten Republik Österreich 1945 zuteil wurde, nicht als ein Geschenk gewertet werden durfte, welches den Beschenkten jeder Gegenleistung enthob. So leicht macht es die Geschichte niemandem, und wenn er es fälschlich dennoch glaubt, so werden ihm eines Tages gewisse Rechnungen vorgelegt...
1986 schrieb „Der Spiegel“: „Anno 45 ersparten sich die Österreicher ihre Stunde Null, weil aus besonders eifrigen Mittätern plötzlich unschuldige Opfer geworden waren.“ Tatsächlich hatte eine unverhältnismäßig große Zahl von „Ostmärkern“ in der Vernichtungsmaschinerie des Dritten Reiches mitgewirkt, zuoberst Ernst Kaltenbrunner als Nachfolger Heydrichs nach dessen Ermordung in Prag. Und es kann ja auch keinem Zweifel unterliegen, daß die österreichische Gemütlichkeit der Jahrhundertwende von besonders aggressiven Zügen jener Ideologien durchsetzt gewesen war, welche Hitlers Weltbild geprägt hatten. Ist Österreich auch gewiß nicht vereinfachend als „Wiege des Nationalsozialismus“ zu bezeichnen, so hat es doch etliche hübsch geschwungene Brettchen dazu geliefert, mit Hakenkreuzen verziert.
Von alledem war nach 1945 keine Rede mehr, niemand dachte an Aufarbeiten. Komische Hans-Moser-Filme von der gleichen liebenswürdigen Unterhaltsamkeit glichen den Vorkriegsstreifen wie ein Ei dem anderen, als hätte es einen Weltkrieg Nr. 2 nie gegeben. Man war aus der Geschichte schlichtweg ausgestiegen. Der heutige Bundeskanzler Franz Vranitzky erklärte 1986 in einer Diskussionsrunde des Österreichischen Rundfunks: „Ich habe im Staatsvertragsjahr 1955 die Matura gemacht. Mein Geschichtsunterricht hatte damals mit dem Jahr 1918 aufgehört.“
In Deutschland, zugegeben, glänzten die fünfziger Jahre auch nicht gerade durch Eifertum in dem, was die Psychoanalytiker „Trauerarbeit“ nennen. Aber es kam danach doch viel in Gang, und längst hat die deutsche Geschichtswissenschaft aufgehört, Hitler nur als „Betriebsunfall der deutschen Geschichte“ anzusehen; die Geistesströmungen, die zu ihm hingeführt hatten, sind in rückhaltloser Sinneserforschung freigelegt worden. Niemand braucht den Bundesdeutschen mehr vorzuwerfen, sie seien vor ihrer Vergangenheit auf der Flucht. Das gilt statt dessen für die DDR in bezug auf die Zeitgeschichte (die Gründe können uns hier nicht beschäftigen), und: es gilt für Österreich.
Wenn Vergangenheitssuche und -erkennen ein Stück gemeinschaftlicher Aufklärung, Erhellung, Klarheit über das kollektive Selbst bedeuten, dann hat der Wiener Journalist Engelbert Washietl kürzlich in seinem Buch „Österreich und die Deutschen“ einen höchst bezeichnenden Vergleich gefunden: „Die Deutschen suchen in allen Lebenslagen Klarheit bis zum Exzeß, die Österreicher fürchten in allen Lebenslagen Klarheit wie ein Schwefelbad.“ Es war sicher kein Zufall, daß die wissenschaftliche Seelenkunde ihren Erzvater gerade in Österreich hervorgebracht hat, und

... und als tapferer Soldat bereit sein will, jederzeit für diesen Eid mein Leben einzusetzen.“
Eine andere Frage ist es jedoch, wie die ehemaligen deutschen Soldaten von Weizsäcker und Waldheim nach 1945 mit der Geschichte und ihrer persönlichen Vergangenheit umgegangen sind – ob sie zu ihr standen und Lehren aus ihr zogen, oder ob sie sie zu bemänteln und zu verdrängen suchten.

es ist ebensowenig verwunderlich, daß Sigmund Freud, der dem Unbewußten, Unterbewußten, Irrationalen seine Lebensarbeit widmete, bis heute zu den ungeliebtesten Großen seines Volkes zählt.
Was hätte er wohl zur Waldheim-Affäre gesagt? Dieser umstrittene Landesvater hat in seiner Biographie ein paar kleine Lücken gelassen. Jahrzehntelang kümmerte sich niemand darum, und er wurde in der Rolle des UNO-Generalsekretärs sogar der höchste Weltbeamte (1972–81). Mit einemmal aber, als er sich anschickte, das vergleichsweise bescheidenere Amt des österreichischen Staatsoberhauptes anzustreben, wurde insbesondere in der amerikanischen Öffentlichkeit der Versuch unternommen, aus einem Mitläufer einen „Täter" zu machen. Das klang (und klingt) wenig überzeugend, denn dazu hätten die öffentlichen Ankläger weit früher Gelegenheit gehabt. Trotz allen Wirbels im nachhinein dürfte die Tätigkeit des Ordonnanzoffiziers im Oberleutnantsrang auf dem Balkan 1944 nicht schuldhafter gewesen sein als diejenige anderer deutscher Offiziere an anderen Fronten.
Dennoch bleibt das Mißliche dieser Auslassungen im Lebenslauf. Warum? Weil die weißen Flecken auf der Landkarte seiner Existenz im Persönlichen genau das zeigen, was für das ganze Volk so typisch ist.
Wie der einzelne Mann, so arbeitet die ganze Republik, oder ein Großteil, mit Weglassen, Retuschieren, mangelndem Erinnern, Vergeßlichkeit, Verdrängen. Kurt Waldheim ist die Symbolfigur einer kollektiven Lebenslüge. So gesehen, sind die Turbulenzen, in die Waldheim als Politiker geriet, sinnbildhaft für ein nationales Versäumnis. Ob er selber sich dessen bewußt ist, mag fraglich erscheinen.
Früher einmal hat der ehemalige Bundeskanzler Bruno Kreisky das unhöfliche Wühlen in der Vergangenheit Österreichs mit dem drastischen Bemerken abgetan: „Wenn endlich Gras über eine Sache gewachsen ist, kommt so ein Kamel daher und frißt es wieder weg." Zur Zeit gibt es viele solcher "Kamele". Sie wollen Österreich nicht in Frieden in seiner unaufgearbeiteten Vergangenheit ruhen lassen.
Einst gab es ein berühmtes Sprichwort: „Laß andere ihre Kriege führen – du, glückliches Österreich, heirate!" (Tu, felix Austria, nube). Heute läßt es sich zeitgemäß abwandeln: Laß andere ihre Geschichte aufarbeiten – du, glückliches Österreich, vergiß...

Bilanz

380.000 Österreicher, die zur Wehrmacht eingezogen waren, kehrten nicht nach Hause zurück;

100.000 Österreicher befanden sich drei Monate bis sieben Jahre im Kerker oder Konzentrationslager;

2.700 Österreicher wurden hingerichtet;

16.100 Österreicher sind in Gestapo-Haft umgekommen;

16.500 Österreicher sind im KZ umgekommen;

65.500 Österreicher jüdischer Abstammung wurden ermordet;

24.300 Österreicher sind als Zivilpersonen bei Luftangriffen oder anderen Kriegshandlungen ums Leben gekommen.

Aus: Dokumentation zur Österreichischen Zeitgeschichte 1938–1945, Verlag Irgand und Volz, Wien und München 1971

Zeittafel

1918

13. 7.	Gründung des tschechoslowakischen Nationalrates in Prag
14. 9.	Österreich-Ungarn schlägt den Alliierten Friedensverhandlungen vor
27. 9.	Die Alliierten weisen den österreichischen Vorstoß scharf zurück – US-Präsident Wilson betont, daß die USA und ihre Verbündeten nicht mit autoritär regierten Staaten verhandeln werden
16. 10.	Kaiserliches Manifest über die Umwandlung Österreich-Ungarns in einen Bundesstaat
21. 10.	Im Wiener Niederösterreichischen Landhaus konstituiert sich die Provisorische Nationalversammlung für Deutsch-Östereich
26. 10.	Die österreichische Regierung gibt bekannt, daß Österreich-Ungarn vor dem militärischen Zusammenbruch stehe und um Waffenstillstand nachsuchen müsse
28. 10.	Rücktritt der Regierung Hussarek – Letzte kaiserliche Regierung unter Professor Dr. Lammasch – Tschechoslowakischer Nationalrat in Prag ruft unabhängige Tschechoslowakei aus
30. 10.	Staatskanzler Dr. Karl Renner bildet Provisorische Regierung für Deutsch-Österreich
31. 10.	Sozialdemokratischer Parteitag fordert Republik
3. 11.	Abschluß eines Waffenstillstandes in Villa Giusti bei Padua zwischen der k. u. k. Armee und den alliierten und assoziierten Mächten, der erst am 4. November in Kraft tritt – Gründung der Volkswehr – Gründung der Kommunistischen Partei Deutsch-Österreichs
11. 11.	Kaiser Karl verzichtet auf Anteil an den Staatsgeschäften – Amtsenthebung der kaiserlichen Regierung Lammasch
12. 11.	Ausrufung der Republik Deutsch-Österreich – Gesetz über den Anschluß an die Deutsche Republik – Kommunistischer Putschversuch vor dem Parlament in Wien
5. 12.	Kärntner Landesversammlung beschließt Widerstand gegen eindringende südslawische Insurgenten

1919

14. 1.	Wilson und Lloyd George behandeln Südtirolfrage in Paris – Waffenstillstand in Kärnten
18. 1.	Eröffnung der Pariser Friedenskonferenz
31. 1.	Arbeitslosendemonstrationen und Zusammenstöße vor dem Parlament in Wien
16. 2.	Wahlen für die Verfassunggebende Nationalversammlung
1. 3.	Erste Reichskonferenz der Arbeiterräte in Wien
3. 3.	Rücktritt der Regierung Renner
4. 3.	Zusammentritt der Verfassunggebenden Nationalversammlung
15. 3.	Zweite Regierung Renner
18. 3.	Die Schweiz sagt Kaiser Karl Asyl zu
22. 3.	Räteregime unter Béla Kun in Ungarn
23. 3.	Abreise der ehemaligen Kaiserfamilie ins Exil
3. 4.	Habsburgergesetze, Abschaffung des Adels, Abschaffung der Todesstrafe durch die Nationalversammlung
29. 4.	Jugoslawische Offensive in Kärnten
28. 5.	Staatssekretär Dr. Deutsch gibt unter alliiertem Druck die bevorstehende Reduktion der Volkswehr auf 12 000 Mann bekannt – Neuer jugoslawischer Großangriff
31. 5.	Erste Operettenpremiere nach dem Krieg im Theater an der Wien: Hermann Dostals „Nimm mich mit" erlebt bis 1920 155 Aufführungen
2. 6.	Beginn der Friedensverhandlungen in Saint-Germain-en-Laye
7. 6.	Nationalversammlung lehnt Entwurf des Friedensvertrages ab
3. 7.	Antikommunistische Mehrheit lehnt bei der Reichskonferenz der Arbeiterräte die Proklamation einer Räterepublik Deutsch-Österreich ab
28. 8.	Das politische Programm der Frontkämpfervereinigung wird proklamiert
10. 9.	Friedensdiktat von Saint-Germain-en-Laye unterzeichnet
17. 10.	Rücktritt der zweiten Regierung Renner – Amtsantritt der neugebildeten dritten Regierung Renner
21. 11.	Der Name des Staates wird in Republik Österreich abgeändert

1920

21. 2.	Der bayerische Ministerpräsident Dr. Kahr sagt österreichischen Heimwehrführern Unterstützung zu
7. 6.	Hungerdemonstrationen und Plünderungen in Wien und Graz
11. 6.	Dr. Michael Mayr bildet Proporzregierung aus allen Parteien der Nationalversammlung
1. 10.	Annahme der bundesstaatlichen Verfassung für Österreich durch die Nationalversammlung
10. 10.	Volksabstimmung in Kärnten rettet Kärnten südlich der Drau für Österreich
17. 10.	Nationalratswahlen in Österreich; Christlichsoziale stärkste Partei
22. 10.	Sozialdemokraten scheiden aus der Regierung Mayr aus
9. 12.	Prof. Dr. Michael Hainisch zum Bundespräsidenten gewählt
23. 12.	Die Alliierten fordern Ungarn zur Räumung des Burgenlandes auf

1921

26. 3.	Erster Restaurationsversuch Kaiser Karls in Ungarn gescheitert
28. 4.	Carl Vaugoin wird Bundesminister für Heereswesen
21. 6.	Erste Regierung Schober gebildet
28. 8.	Beginn des bewaffneten ungarischen Widerstandes gegen die in das Burgenland einmarschierenden österreichischen Gendarmerie- und Zollwacheeinheiten
4. 9.	Kaiser Karl empfängt im Schweizer Exil den ehemaligen Gesandten Dr. Gratz, der ihm Horthys Warnung vor einem neuen Restaurationsversuch überbringt
12. 10.	Schober unterzeichnet das Protokoll von Venedig, das die kampflose Übergabe des Burgenlandes und eine Volksabstimmung im Raum Ödenburg vereinbart
13. 10.	Karl verpfändet in der Schweiz sein Wort, daß kein neuer Restaurationsversuch geplant sei
20. 10.	Karl und Zita landen bei Ödenburg
22. 10.	Karls Truppen beginnen den Marsch auf Budapest
24. 10.	Karls Truppen geschlagen; Karl und Zita gefangengenommen

14. bis 16. 12. Volksabstimmung im Raum Ödenburg bringt unter starkem ungarischen Druck eine Mehrheit gegen Österreich
16. 12. Österreichisch-tschechoslowakischer Vertrag in Lana unterzeichnet

1922

1. 1. Wien als selbständiges Bundesland von Niederösterreich abgetrennt
1. 4. Kaiser Karl in Funchal auf Madeira gestorben
31. 5. Seipel bildet Regierung
4. 10. Genfer Protokolle unterzeichnet
18. 11. Banknotenpressen in Östereich versiegelt; Ende der Inflation
24. 11. Genfer Protokolle vom Nationalrat mit 103 gegen 68 sozialdemokratische Stimmen angenommen

1923

9. 2. Franz Lehárs „Das Land des Lächelns" in der ersten Fassung unter dem Titel „Die gelbe Jacke" im Theater an der Wien uraufgeführt
12. 4. Innenministerium genehmigt den Republikanischen Schutzbund
21. 9. Wiener Stadtsenat beschließt Bau von 25 000 Gemeindewohnungen in fünf Jahren

1924

1. 4. Hitler in München zu fünf Jahren Festungshaft verurteilt – Eröffnung des neuadaptierten Theaters in der Josefstadt unter Direktion von Max Reinhardt
16. 4. Premiere von Hofmannsthals „Der Schwierige" im Theater in der Josefstadt
1. 6. Bundeskanzler Seipel bei Attentat schwer verletzt
20. 11. Bildung des „Länderkabinetts" Ramek
12. 12. Schillingwährung eingeführt
20. 12. Währungsumtausch Krone–Schilling beginnt

1926

20. 10. Seipel bildet sein viertes Kabinett
30. 10. Sozialdemokratischer Parteitag in Linz; Annahme des von Otto Bauer verfaßten Linzer Programmes

1927

30. 1. Zusammenstöße zwischen Frontkämpfern und Schutzbündlern in Schattendorf fordern zwei Todesopfer
24. 4. Nationalratswahlen
4. 7. Beginn des Schattendorfer Prozesses im Wiener Landesgericht
14. 7. Urteilsverkündung im Schattendorfer Prozeß
15. 7. Brand des Wiener Justizpalastes; über 80 Tote in den Straßen Wiens; sozialdemokratischer Verkehrsstreik
17. 7. Ende der sozialdemokratischen Streikbewegung

1928

27. 6. Der sozialdemokratische Abgeordnete Albert Sever beantragt Aufhebung des Kriegswirtschaftlichen Ermächtigungsgesetzes im Nationalrat
7. 10. Aufmarsch der Heimwehren und des Schutzbundes in Wiener Neustadt
5. 12. Wilhelm Miklas zum Bundespräsidenten gewählt

1929

15. 7. Hugo von Hofmannsthal gestorben
26. 9. Schober bildet seine dritte Regierung
24. 10. Beginn des New-Yorker Börsenkrachs
29. 10. Höhepunkt der New-Yorker Börsenkrise

1930

18. 5. Korneuburger Eid der Heimwehrbewegung
2. 9. Starhemberg wird Bundesführer der österreichischen Heimwehren
30. 9. Carl Vaugoin bildet Minderheitsregierung unter Einbeziehung der Heimwehren
9. 11. Nationalratswahlen in Österreich; Sozialdemokraten stärkste Partei
4. 12. Dr. Otto Ender bildet bürgerliche Regierung ohne Heimwehren

1931

3. 3. Besuch des deutschen Außenministers Curtius in Wien – Verhandlungen über die deutsch-österreichische Zollunion
21. 3. Frankreich, Italien und die Tschechoslowakei protestieren gegen die Zollunion; das Projekt ist damit gescheitert
16. 5. Das „Wunderteam" geboren. Auf der Hohen Warte in Wien schlägt die österreichische Fußball-Nationalmannschaft Schottland mit 5:0
13. 9. Pfrimer-Putsch
21. 10. Arthur Schnitzler gestorben

1932

24. 4. Wiener Gemeinderatswahlen; Erfolge der Nationalsozialisten
3. 5. Anton Wildgans gestorben
20. 5. Amtsantritt der ersten Dollfuß-Regierung unter Einbeziehung des Landesbundes und der Heimwehren
9. 6. Starhemberg erbittet in Rom von Mussolini Waffenlieferungen für die Heimwehren
15. 7. Lausanner Anleihevertrag unterzeichnet – Österreich verpflichtet sich erneut, auf den Anschluß zu verzichten
2. 8. Seipel gestorben
19. 8. Schober gestorben
2. 10. Programmatische Dollfuß-Rede in Haag in Niederösterreich
17. 10. Emil Fey wird Staatssekretär für Sicherheitswesen
Dezember Unter den Nummern 885–887 erscheint die letzte regelmäßige Ausgabe der „Fackel" von Karl Kraus
7. 12. Das „Wunderteam" unterliegt in London der Mannschaft Englands mit 3 : 4 – eine Niederlage, die ihm Ruhm einbrachte
23. 12. Uraufführung der Operette „Sissy" von Fritz Kreisler im Theater an der Wien; bis 1935 313 Aufführungen

1933

30. 1. Hitler Reichskanzler
4. 3. Sogenannte „Selbstausschaltung des Parlaments" durch Rücktritt der drei Präsidenten des Nationalrates
5. 3. Dollfuß-Rede in Villach, Absage an den Parlamentarismus; Beratung der christlich-sozialen Führerschaft in Groß-Enzersdorf
7. 3. Der Ministerrat beschließt, mit Hilfe des Kriegswirtschaftlichen Ermächtigungsgesetzes ohne Parlament zu regieren
8. 3. Tagung des sozialdemokratischen Parteivorstandes; vergebliche Verhandlungen zwischen Dollfuß und Danneberg über Wiedereinberufung des Parlaments

30. 3. Auflösung des Republikanischen Schutzbundes; Bürgermeister Karl Seitz verbietet die Heimwehren in Wien
13. 4. Erste Begegnung Dollfuß – Mussolini
5.–6. 5. Christlich-sozialer Parteitag in Salzburg, Carl Vaugoin zum Obmann gewählt
21. 5. Erste Proklamation über die Gründung der Vaterländischen Front
29. 5. Straßenschlacht zwischen Heimwehr und nationalsozialistischen Studenten in Innsbruck; Einsatz des Bundesheeres
11. 6. Attentat auf den Tiroler Heimwehrführer Dr. Steidle
19. 6. Nationalsozialisten werfen Handgranaten auf eine Turnergruppe bei Krems; ein Toter, 29 Verletzte – Verbot der NSDAP in Österreich
19.–20. 8. Zweite Begegnung Dollfuß – Mussolini
11. 9. Dollfuß-Rede auf dem Wiener Trabrennplatz; Programm des autoritären Ständestaates
15. 10. Letzter sozialdemokratischer Parteitag in der Ersten Republik
10. 11. Wiedereinführung der Todesstrafe in Österreich
12. 12. Triumphale 700. Aufführung des „Weißen Rößls" von Ralph Benatzky

1934

2. 2. Heimwehren erzwingen Aufnahme ihrer Vertreter in die Tiroler Landesregierung
12. 2. Waffensuche im Linzer Arbeiterheim löst Bürgerkrieg aus; Einsatz von Artillerie beschlossen
15. 2. Zusammenbruch des sozialdemokratischen Widerstandes
17. 3. Römer Protokolle von Österreich, Italien und Ungarn unterzeichnet
1. 5. Proklamation des Ständestaates und der neuen, autoritären Verfassung; Regierungsumbildung; Starhemberg statt Fey Vizekanzler
25. 7. Nationalsozialistischer Putschversuch; Dollfuß ermordet
29. 7. Dr. Kurt Schuschnigg zum Bundeskanzler ernannt
31. 7. Die Führer des Putschversuches, die Attentäter Planetta und Holzweber, hingerichtet
15. 8. Franz von Papen trifft als neuer deutscher Gesandter in Wien ein
21. 8. Erste Begegnung Schuschnigg – Mussolini
16.–20. 11. Zweite Begegnung Schuschnigg – Mussolini

1935

20. 1. Starhemberg kündigt Auseinandersetzung der Heimwehren mit Schuschnigg an
1. 4. Einführung der allgemeinen Wehrpflicht nach Zusammenfassung aller Wehrverbände
11. 7. Erster Entwurf Papens für einen deutsch-österreichischen Ausgleich
13. 7. Landesverweisung des Hauses Habsburg aufgehoben
3. 10. Beginn des italienischen Abessinienfeldzuges
17. 10. Umbildung der Schuschnigg-Regierung; weitere Entmachtung der Heimwehren; endgültiges Ausscheiden des Majors Fey aus dem Kabinett

1936

7. 3. Deutschland besetzt das entmilitarisierte Rheinland
29. 4. Verordnung über die Rückgabe des Habsburgervermögens
5. 5. Italienische Truppen erobern Addis Abeba – Huldigungstelegramm Starhembergs an Mussolini
12. 5. Unterredung Schuschnigg – Starhemberg über Abkommen mit Deutschland; Starhemberg lehnt ab
14. 5. Rücktritt der Regierung Schuschnigg; Neubildung des Kabinetts; Baar-Baarenfels statt Starhemberg Vizekanzler
12. 6. Karl Kraus gestorben
11. 7. Juliabkommen mit dem Deutschen Reich; Dr. Guido Schmidt und Edmund Glaise-Horstenau treten in die Regierung ein
1. 9. Letzter großer Operettenerfolg im Theater an der Wien: „Axel an der Himmelstür" von Ralph Benatzky mit Zarah Leander bis 1937 190 Aufführungen
3. 11. Rücktritt der zweiten Regierung Schuschnigg; Schuschnigg bildet seine dritte Regierung unter Ausschaltung der Heimwehren; der Führer der Frontmiliz, Feldmarschalleutnant Ludwig Hülgerth, wird Vizekanzler

1937

22. 2. Reichsaußenminister Konstantin von Neurath in Wien; wirtschaftliche Forderungen des Reiches; Kriegsdrohung im Falle der Restauration
20. 3. Polizeipräsident Dr. Michael Skubl zum Staatssekretär für Angelegenheiten der Sicherheit ernannt
21. bis 23. 4. Dritte und letzte Begegnung Schuschnigg – Mussolini
26. 4. Göring bringt bei Mussolini in Rom die österreichische Frage zur Sprache und kündigt den deutschen Verzicht auf Südtirol an
24. 6. Blomberg-Weisung an den deutschen Generalstab für den „Sonderfall Otto"

1938

5. 2. Papen schlägt Hitler eine Begegnung mit Schuschnigg vor
12. 2. Schuschnigg bei Hitler; Berchtesgadener Abkommen
16. 2. Umbildung der Schuschnigg-Regierung; Seyß-Inquart Innenminister
17. 2. Brief Otto Habsburgs an Schuschnigg; Forderung, ihm die Kanzlerschaft zu übertragen
2. 3. Antwortbrief Schuschniggs an Otto Habsburg
3. 3. Eine Delegation der illegalen Gewerkschaften bei Schuschnigg; Unterstützung gegen den Nationalsozialismus angeboten
4. 3. Staatssekretär Wilhelm Keppler in Wien; Deutschland besteht auf Erfüllung der wirtschaftlichen Vertragspunkte von Berchtesgaden
6. 3. Auseinandersetzung Schuschnigg – Seyß-Inquart über die Aktivität der Nationalsozialisten; erster Gedanke einer Volksabstimmung
9. 3. Schuschnigg gibt in Innsbruck den Termin für die Volksabstimmung am 13. März bekannt
10. 3. Hitler beauftragt den Chef des Generalstabs, Ludwig Beck, den Einmarsch in Österreich vorzubereiten
11. 3. Deutsches Ultimatum – Rücktritt Schuschniggs; Volksabstimmung abgesetzt; Göring verlangt Betrauung Seyß-Inquarts mit der Regierungsbildung – Italien lehnt Hilfe für Österreich ab – Schuschnigg teilt in einer Rundfunkrede seinen Rücktritt und die deutschen Drohungen mit – Seyß-Inquart zum Bundeskanzler ernannt; Miklas unterzeichnet die Bestellung einer nationalsozialistischen Regierung
12. 3. Beginn des deutschen Einmarsches in Österreich; Hitler in Linz; Entschluß zum totalen Anschluß gefaßt
13. 3. Gesetz über die Wiedervereinigung Österreichs mit dem Reich – Bundespräsident Miklas verzichtet auf Amtsausübung

15. 3. Hitler-Rede bei der Heldenplatzkundgebung in Wien – Seyß-Inquart zum Reichsstatthalter ernannt – Innitzer bei Hitler
16. 3. Erster Entwurf für eine Bischofserklärung zur Volksabstimmung – Otto Habsburgs Protest gegen den Anschluß in französischen Zeitungen veröffentlicht
18. 3. Bischofskonferenz in Wien
27. 3. Hirtenbrief österreichischer Bischöfe zur Volksabstimmung
3. 4. Renner-Interview veröffentlicht
10. 4. Volksabstimmung über den bereits vollzogenen Anschluß
22. 4. Hochverratsverfahren gegen Otto Habsburg eingeleitet
29. 9. Münchner Konferenz über das Sudetenland
1. 10. Deutscher Einmarsch im Sudetenland
9. 11. „Reichskristallnacht"; Judenverfolgungen; Tempelbrände und Geschäftsplünderungen in Wien

1939

1. 2. Deprimierter SA-Bericht über die Stimmung in Österreich
15. 3. Liquidierung der Resttschechei; Errichtung des Reichsprotektorates Böhmen und Mähren
14. 4. „Ostmarkgesetz"; Umwandlung der Länder in Reichsgaue; Burgenland auf die Steiermark und Niederdonau aufgeteilt; Osttirol zu Kärnten, Ausseerland zu Oberdonau geschlagen; die Bezeichnung Österreich und Ostmark aus dem Sprachgebrauch verbannt
1. 9. Beginn des Zweiten Weltkrieges
21. 10. Deutsch-italienische Umsiedlungsabkommen über Südtirol

1940

April Zusammenschluß der österreichischen Widerstandsgruppen Scholz, Lederer und Kastelic in Wien
7. 7. Baldur von Schirach übernimmt sein Amt als Gauleiter und Reichsstatthalter in Wien
22. 7. Beginn der Verhaftungswelle unter den österreichischen Widerstandsgruppen

1941

22. 6. Beginn des Rußlandfeldzuges
13. 9. Clemens Krauss zum Leiter der Salzburger Festspiele ernannt

1942

23. 2. Stefan Zweig begeht Selbstmord im brasilianischen Exil
9. 9. Österreichfrage im britischen Unterhaus behandelt
19. 11. US-Kriegsministerium bewilligt Aufstellung eines österreichischen Freiwilligenbataillons
4. 12. US-Unterstaatssekretär Welles und der Chef der polnischen Exilregierung, General Sikorski, behandeln Österreichfrage
16. 12. Stalin tritt für Wiedererrichtung eines unabhängigen Österreich ein

1943

2. 2. Kapitulation der deutschen Truppen bei Stalingrad
22. 5. Churchill legt in den USA sein Europakonzept vor; Österreich erneut als Bestandteil einer Konföderation geplant
10. 6. Anglo-amerikanische Landung auf Sizilien
1. 11. Moskauer Deklaration über die Wiedererrichtung eines unabhängigen Staates Österreich
6. 12. Jury-Brief über Ablösung Schirachs vom Wiener Gauleiterposten

1944

10. 5. Hinrichtung der österreichischen Freiheitskämpfer Scholz, Lederer
20. 7. Attentat auf Hitler; Aktion „Walküre" in Wien durchgeführt; neue Verhaftungswelle in Österreich
29. 7. Absage des „Salzburger Theater- und Musiksommers" auf Anordnung der Reichsregierung
10. 9. Erster schwerer Luftangriff auf Wien
15. 9. Otto Habsburg bei Roosevelt in Quebec
17. 9. Otto Habsburg bei Churchill in Quebec
5. 12. Hinrichtung des österreichischen Freiheitskämpfers Heintschel-Heinegg
18. 12. Gründung des „Provisorischen Österreichischen Nationalkomitees", der O 5, in Wien

1945

4. 2. Dreimächtekonferenz in Jalta
5. 3. Organisationsplan für die Machtübernahme durch die O 5 festgelegt
12. 3. Bisher stärkster Luftangriff auf Wien
28. 3. Sowjetische Truppen überschreiten bei Güns die österreichische Grenze; Organisationsplan der O 5 an den sowjetischen General Susloparow in Paris übergeben
30. 3. Verhandlungen der O 5-Delegierten mit den Sowjets in Paris
2. 4. Wien zum Verteidigungsbereich erklärt – Die militärische Widerstandsgruppe des Majors Szokoll schickt Oberfeldwebel Käs zu den Sowjets
4. 4. Abmachungen des Oberfeldwebels Käs mit dem sowjetischen Oberkommando in Hochwolkersdorf über den Aufstand der Widerstandsbewegung in Wien – Kontaktaufnahme Dr. Renners mit den Sowjets
6. 4. Verhaftung Major Biedermanns in Wien; der militärische Aufstandsplan damit gescheitert – Sowjetische Truppen besetzen die westlichen Bezirke Wiens
8. 4. Major Biedermann, Hauptmann Huth und Oberleutnant Raschke in Floridsdorf gehenkt – Beginn des Großbrandes im Wiener Stadtzentrum; der Dachstuhl des Stephansdomes in Flammen – Josef Weinheber begeht Selbstmord
10. 4. Sowjetische Truppen erreichen den Ring – Abziehende SS-Einheiten sprengen die Donaukanalbrücken – Großbrände im Stadtzentrum
11. 4. Dach des Stephansdomes niedergebrannt; Pummerin zerstört – Letzte Judenerschießungen durch die SS in Wien – Erste österreichische Zivilgewalt durch Mitglieder der O 5 im Wiener Palais Auersperg errichtet
13. 4. Reste der deutschen Armee ziehen sich bei Wien auf das Nordufer der Donau zurück – Verhandlungen im Wiener Rathaus über Bildung einer Gemeindeverwaltung; General Körner als Bürgermeister vorgeschlagen
15. 4. Major Szokoll von den Sowjets verhaftet
18. 4. Die neue Wiener Gemeindeverwaltung nimmt ihre Tätigkeit auf
21. 4. Dr. Renner in Wien eingetroffen; erste Verhandlungen über Bildung einer provisorischen Regierung
22. 4. Floridsdorf von der Roten Armee eingenommen – Beginn der angloamerikanischen Offensive in Norditalien
23. 4. Einigung über die Zusammensetzung der Provisorischen Staatsregierung in Wien

27. 4. Provisorische Staatsregierung von den Sowjets anerkannt; Wiederherstellung der Republik Österreich vor dem Wiener Parlament proklamiert – Ausbruch des Partisanenaufstandes in Oberitalien

28. 4. Entschluß zur bedingungslosen Kapitulation der deutschen Italienarmee im Hauptquartier Südwest

29. 4. Deutsche Kapitulation in Oberitalien unterzeichnet – Die O 5 in Westösterreich unterstellt sich der Renner-Regierung

30. 4. Die 7. US-Armee bei Braunau am Inn – Aufruf des Tiroler Gauleiters Hofer zum Guerillakrieg in der Alpenfestung

1. 5. O 5 setzt das Aufstandsdatum in Tirol und Vorarlberg für den 2. Mai fest – Provisorische Staatsregierung setzt die Verfassung von 1929 wieder in Kraft – Staatsoper nimmt mit dem „Figaro" den Spielbetrieb in der Wiener Volksoper wieder auf

2. 5. Aufstand der Widerstandsbewegung in Innsbruck; Machtübernahme durch die O 5

3. 5. Erste US-Einheit in Innsbruck

4. 5. Amerikanische Truppen besetzen Salzburg

6. 5. Amerikanische Truppen in Linz und Steyr – Briten und Amerikaner ziehen in Kärnten ein – Französische Truppen überschreiten den Arlberg

8. 5. Kapitulation der Deutschen Wehrmacht – Südtiroler Volkspartei in Gries bei Bozen gegründet

1. 7. Erste Salzburger Festspiele nach dem Krieg

17. 7. Beginn der Potsdamer Konferenz

24. 7. Sowjettruppen räumen die Steiermark; Einzug britischer Truppen in Graz – Amerikaner räumen das Mühlviertel; Einmarsch der Roten Armee

9. 8. Deklaration der Besatzungsmächte über die Errichtung des Alliierten Rates und über die vier Besatzungszonen

20. 8. Konferenz der westlichen Bundesländer in Salzburg; Beschluß mit der Renner-Regierung zusammenzuarbeiten

23. 8. Volksabstimmung in Südtirol gefordert

26. 8. Franz Werfel in den USA gestorben

29. 8. Burgenland wieder selbständiges Bundesland

1. 9. Teilung Wiens in vier Besatzungszonen

11. 9. Proklamation des Alliierten Rates an die österreichische Bevölkerung – ÖVP, SPÖ und KPÖ als politische Parteien anerkannt

18. 9. Salzburger Konferenz der westlichen Bundesländer formuliert die Forderungen an die Renner-Regierung

23. 9. Täglicher Kaloriensatz für Normalverbraucher mit 1500 festgesetzt

1. 10. Wiederaufnahme des Postverkehrs in ganz Österreich – Wiederaufnahme eines beschränkten Reiseverkehrs zwischen den Besatzungszonen

6. 10. Die Staatsoper beginnt mit einer „Fidelio"-Aufführung ihren Spielbetrieb im Theater an der Wien

8. 10. Viersprachige Identitätskarte für alle Österreicher eingeführt

9. 10. Beginn der Zweiten Länderkonferenz in Wien; ehemalige Nationalsozialisten vom Wahlrecht ausgeschlossen

20. 10. Die Provisorische Staatsregierung von allen vier Besatzungsmächten anerkannt

25. 10. Dritte Länderkonferenz in Wien zur Vorbereitung der Nationalratswahlen

15. 11. Volksabstimmung in Südtirol in einer Note der Staatsregierung an den Alliierten Rat gefordert

25. 11. Erste Nationalratswahlen nach Kriegsende; 85 ÖVP, 76 SPÖ, 4 KPÖ

30. 11. Der Schilling wieder gesetzliches Zahlungsmittel

13.–20.12. Erste Währungsreform

18. 12. Erste Koalitionsregierung Figl gebildet

19. 12. Zusammentritt des Nationalrates; Leopold Kunschak zum Präsidenten gewählt

20. 12. Provisorische Staatsregierung tritt offiziell zurück; Dr. Karl Renner zum Bundespräsidenten gewählt

1946

8. 3. Erste UN-Hilfslieferung eingetroffen

Literaturverzeichnis

Andics, Hellmut: 50 Jahre unseres Lebens. Österreichs Schicksal seit 1918. Wien 1968

Benoist-Méchin, Jacques: Griff über die Grenzen. Der Anschluß Österreichs und seine Vorgeschichte. Oldenburg 1966

Burckhardt, Carl J.: Memorabilien. Erinnerungen und Begegnungen. München 1977

Canetti, Elias: Die Fackel im Ohr. Lebensgeschichte 1921–1931. München 1980

Fest, Joachim: Hitler. Eine Biographie. Berlin 1973

Fischer, Fritz: Griff nach der Weltmacht. Die Kriegszielpolitik des kaiserlichen Deutschland 1914/18. Düsseldorf 1961

Gisevius, Hans Bernd: Adolf Hitler. Eine Biographie – Versuch einer Deutung. München 1967

Herre, Franz: Metternich. Staatsmann des Friedens. Köln 1983

Hitler, Adolf: Mein Kampf. Band I. München 1925

– –: Sämtliche Aufzeichnungen 1905 – 1924. Hg. von Eberhard Jäckel zus. mit Axel Kuhn. Stuttgart 1980

Hofer, Walther (Hg.): Der Nationalsozialismus. Dokumente 1933 – 1945. Frankfurt 1957

Hölzle, Erwin (Hg.): Quellen zur Entstehung des Ersten Weltkrieges. Internationale Dokumente 1901 – 1914. Darmstadt 1978

Irving, David: Hitler und seine Feldherren. Frankfurt 1975

Ketterl, Eugen: Der alte Kaiser. Wie ihn nur einer sah. Der wahrheitsgetreue Bericht des Leibkammerdieners Kaiser Franz Josephs I. Wien 1980

Kubizek, August: Adolf Hitler, mein Jugendfreund. Graz 1953

Mendelssohn, Peter de: Zeitungsstadt Berlin. Menschen und Mächte in der Geschichte der deutschen Presse. Berlin 1959

Nicolson, Harold: Friedensmacher 1919. Berlin 1933

Niebling, Georg (Hg.): Das große Buch der Anekdote. Ernstes und Heiteres. Esslingen 1979

Overesch, Manfred; Saal, Friedrich Wilhelm (Hg.): Chronik deutscher Zeitgeschichte. Politik – Wirtschaft – Kultur. Band 2/I: Das Dritte Reich 1933–1939. Düsseldorf 1982

Reiners, Ludwig: Bismarck. Erster Band 1815–1864. München 1956

Schausberger, Norbert: Österreich und die nationalsozialistische Anschluß-Politik.
In: Manfred Funke (Hg.), Hitler, Deutschland und die Mächte. Materialien zur Außenpolitik des Dritten Reiches. Düsseldorf 1976, Seite 728 – 756

Schmidl, Erwin A.: März 38 – der deutsche Einmarsch in Österreich Wien 1987

Schulz, Helmut: Mord in Wien. In: Das III. Reich. Partwork-Dokumentation, hg. von Christian Zentner. Hamburg 1974ff., Heft 5, Seite 202–207

Shepherd, Gordon: Engelbert Dollfuß. Graz 1961

Stadelmann, Rudolf: Soziale und politische Geschichte der Revolution von 1848. München 1948

Steffahn, Harald: Die Deutschen. Eine Skizze ihrer elfhundertjährigen Geschichte. Gießen 1984

– –: Als Deutschland einig wurde. Kleiner Geschichtsführer in Versen. In: DAMALS – Das Geschichtsmagazin. Gießen, Januar bis Oktober 1986

Thamer, Hans-Ulrich: Verführung und Gewalt. Deutschland 1933 – 1945. Berlin 1986

Toland, John: Adolf Hitler. Bergisch-Gladbach 1977

Venohr, Wolfgang; Kabermann, Friedrich: Brennpunkte deutscher Geschichte 1450 – 1850. Kronberg 1978

Washietl, Engelbert: Österreich und die Deutschen. Wien 1987

Weinzierl, Erika/Kurt Skalnik (Hg.): Österreich 1918 – 1938: Geschichte der Ersten Republik Graz – Wien – Köln 1983

Willms, Johannes: Nationalismus ohne Nation. Deutsche Geschichte 1789 – 1914. Düsseldorf 1983

Zentner, Christian: Adolf Hitler. Texte, Bilder, Dokumente. München 1979

– –: Illustrierte Geschichte des Ersten Weltkriegs. München 1980

– –: Illustrierte Geschichte des Dritten Reiches. München 1983

– –: Illustrierte Geschichte des deutschen Kaiserreiches. München 1986

Zentner, Christian: Bedürftig, Friedemann (Hg.): Das Große Lexikon des Dritten Reiches. München 1985

Zermatto, Guido: Die Wahrheit über Österreich New York – Toronto 1938

Zöllner, Erich: Geschichte Österreichs Wien 1984

Zuckmayer, Carl: Als wär's ein Stück von mir. Erinnerungen. Frankfurt 1966

Zweig, Stefan: Die Welt von gestern. Erinnerungen eines Europäers. Stockholm 1944.

Wegen der unübersehbaren Fülle der Quellen und des Materials wurde auf eine ausführliche Bibliographie verzichtet. Wer sich über die einschlägige Literatur informieren will, wird speziell auf das bekannte Werk „März 38 – der deutsche Einmarsch in Österreich" (ÖBV Wien, 1987) von Erwin A. Schmidl hingewiesen.

Personenregister